街坊眾神

世界宗教在香港

Deities in Neighborhood: World Religious in Hong Kong

韓樂憫、龔惠嫺、胡獻皿
孔德維、尹子軒 —— 著

1841
一八四一

街坊眾神：世界宗教在香港

目錄頁

導論

在街坊之中訪問眾神，從下而上梳理的香港歷史

孔德維
沙烏地阿拉伯費薩爾國王與學術及伊斯蘭研究中心研究員

雖然現在在香港或臺灣的咖啡廳與陌生人搭訕會一般都會被視為「痴漢」（這當然視乎搭訕者的顏值），但在十七世紀末咖啡和茶葉融入西歐城市居民的日常生活後，咖啡廳、茶室、沙龍，甚至是劇院、博物館和音樂廳就成為了社會學家哈伯瑪斯（Jürgen Habermas）「公共領域」（public sphere）理論的物質基礎。所謂的「公共領域」，是指介乎於國家與社會（即國家所不能觸及的私人或民間活動範圍）之間，公民自主地了解、參與公共事務的地方。在前工業資本主義興起的時代，城市居民在西歐工業國家獲得了新的自由，從此進行政治統治的「國家」（state）與私人生活（privacy）之間就形成了一個介乎兩者之間的公共生活領域，由受教育的中間階層所主導，當中形成的意見就代表了「社會」（society）並與「國家」互動及抗衡。哈氏假定了「公共生活」的主角是資本主義社會的知識人，他們在咖啡館、茶室、沙龍裡討論著學術、藝術、社會和政治等議題。[1]但咖啡店常客的討論話題是否如哈氏想像的充滿「公共性」（publicity）當然惹人懷疑，畢竟鄰家的太太的偷情對象是不是通渠工人，較於城市的溝渠設計更能惹起討論者的興趣。

1／Jürgen Habermas, *The Structural Transformation of the Public Sphere: An Inquiry into a Category of Bourgeois Society*, trans. T. Burger with F. Lawrence, (Cambridge: Polity Press, 1989)；杜耀明：〈新聞自由：可變的公共空間〉，《明報月刊》，1997年5月號，頁14-15。

一 「公共領域」與街坊

然而，公共空間的關鍵其實可能在於陌生人得以在該場域中互相交流資訊，而資訊交換的內容反而是次要的事項。哈氏的理論以國家、社會作為框架開展有關於公共性的討論，所提出的公共領域理論亦是以政治參與（political engagement）為基礎。[2]然而，單純地以「人類社群互動」為中心思考公共空間的意義，其實不必然要以政治作為唯一關懷。羅賓・登巴（Robin Dunbar）從人類學與演化心理學的角度提出了「八卦」（gossip）作為人類社會營運的基礎。登巴認為早在文字史料出現以前，原初社會的部族成員需要在艱險的環境生存，有賴於與其他成員建立關係，並判斷不同成員的可靠程度。他提出

「八卦」在人類群體中起了像其他靈長類動物間互相梳理毛髮的互惠（reciprocal）作用：當某一成員允許另一成員為其提供服務，他們就在一定程度上建成了互惠聯盟。

然而，當人類社群發展得越來越大，梳理毛髮等靈長類動物應用的個體對個體結盟方式已變得過於耗時。至此，人類遂不得不發展出更高效率的結盟方式。通過語言（也就是「八卦」）對某人作出評價，從而分辨出社群成員中誰是叛徒、誰是可靠的人，其實就是以互相傳播信息的方式來建立

2／Seyla Benhabib, "The Embattled Public Sphere: Hannah Arendt, Juergen Habermas and Beyond," *Theoria: A Journal of Social and Political Theory*, no. 90, The Scope and Limits of Public Reason (December 1997), pp.1-24.

聯盟。以信息交換建立與維繫社群，既能使具「非親緣性」（impersonalize）的訊息傳遞者之間建立更密切的關係，亦能以輿論影響群體內外的人。[3]由此看來，咖啡館、茶室和沙龍中的對話，就很自然地是對鄰家太太與通渠工人的關係抱有滿滿的興趣，而對城市的溝渠設計鮮有論者問津。歷史上，「政經」與「八卦」本質上不互相排斥，但當成員間長期互動後，「有用」資訊很可能就由社群成員的道德倫理轉而為整體社群的生活條件與秩序提升。在這種處境下，城市的基礎建設與秩序建立，也有可能比鄰居的性觀念更能吸引討論者的興趣。

哈伯瑪斯以政治為出發點的公共領域理論關心的是公共生活的秩序，羅賓．登巴從演化角度提出了「八卦」理論則將對話的起點置於個體與個體之間的關係。這兩種由上而下與由下而上的觀點都指向了資訊交換活動對於建立與維繫群體的功能。公共生活顯然就是資訊交流延伸，而在交流的過程中得以形成的往往不止是各種輿論與觀點，而是參與者之間形成了群體。如果如同哈伯瑪斯一樣以交流的空間作為出發點，讀者很容易就會發現交流的空間、參與交流的群體與群體所共同信納的輿論以或鬆散或緊密的形式連結在一起。[4] 如果說十七世紀末的西歐以咖啡館與茶室構成了近代公民社會的空間、群體與輿論，國際貿易頻繁的華南海岸與東南亞的社會同樣形成了具自身特色的版本。

3／ Robin Ian MacDonald Dunbar, *Grooming, Gossip and the Evolution of Language* (London: Faber and Faber, 1996)。

事實上，早在十三世紀的華語使用者就將以描繪「空間」的詞彙借代「空間」所衍生的群體。中國元朝的孫仲章在《勘頭巾》就提到「若不看解勸街坊面分，小後生從來火性緊，發狂言信口胡噴」，當中「街坊」一詞由原先代表街道（街）與當中可用空間（坊），延伸至指涉社區使用者所組成的群體。[5]

「街坊」的意義對今天非粵語族群來說較為複雜，一般華語語系使用者鮮少在日常應用此詞，惟在粵語仍為常用詞彙，多指「住喺屋企附近、當區街道嘅人」（住在家附近、該區街道上的人）。[6]「街坊」的這一應用方式，與十八世紀末廣州「城鄉合治」的基層街區單位較為類同。學者賀躍夫留意到廣州的基層街區單位有「街」、「坊」、「巷」、「里」、「甫」、「約」等不同名目。帝國政府城市居民的

4／讀者當留意的是，輿論與群體所賴以形成的空間不必然是物理的空間，空間也可以是群體共同閱讀的文本，例如二〇世紀末在互聯網上形成的數碼公共空間。空間與資訊傳播的形式也會影響訊息內容與群體的特性。如王汎森《近世中國的輿論社會》介紹了明中葉至清初、晚清及新文化運動三個時代輿論的各種形式，並指出傳遞知識與承載輿論的文本成為了作者與讀者交流的「空間」，而類近的輿論也構成了「群體」（如傳閱邸報、邸抄的士人、《申報》的讀者群等等），而文本所承載的倫理和道德標準可以改變「群體」的行為，而「群體」亦會有機地彼此互動（如因某些觀點不再支持某一輿論的載體）。參王汎森，《近世中國的輿論社會》（桃園：國立中央大學，2020）。

5／孫仲章撰；臧懋循輯：《元曲選．河南府張鼎勘頭巾雜劇》（上海：上海古籍出版社，1995），第1折；《康熙字典》（同文書局原版；上海：同文書局，1894），丑集，中土部，四畫，頁21；中華民國教育部編：〈街坊〉，《重編國語辭典修訂本》（臺灣學術網路第6版），https://dict.revised.moe.edu.tw/dictView.jsp?ID=90077&la=0&powerMode=0，瀏覽於2022年12月5日。

6／〈街坊〉，《粵典》，https://words.hk/zidin/%E8%A1%97%E5%9D%8A，瀏覽於2022年12月5日。

管理類同於鄉村的自治組織，以地鄰為原則編成「保甲」，在不同地方單位設立地保以維繫介於社區與政府之間的溝通。

在英國外交官密迪樂（Thomas Taylor Meadows）筆下，廣州城的地保在空缺時，地方單位會貼出需求地保的告示，一眾最具勢力的戶主再在寺廟中選出新的地保，由街坊籌組經費支薪，再稟請縣衙門任命，在絕大部分情況「街坊」的決定均會獲得帝國在地代表的認可。[7] 這種自治類同於華南鄉村社會的「鄉約」，其於十八世紀末的廣州城又會以「街」組成的「坊」為單位，可以被稱為「街約」、「甫」（鋪），或是其他稱謂的單位，但大抵都具有自治與自衛的功能。

賀躍夫引用了粵海關的報告指出十九世紀末期廣州街坊大

多以街坊為單位籌集經費自我防衛，一眾大戶更往往必須維持一支民兵以保衛自身的街區。他們顯然對帝國提供的保障失卻信心，故當地方政府試圖集中街坊自籌的經費由中央調度時，街坊乃極力抵制。[8] 這種地方自治的力量在大清帝國力量減弱時曇花一現，但卻在日後中國政府現代化的進程中漸次消散，「街坊」也因此從具政治權力的實體轉而為社區的概念。[9]

7／ Thomas Taylor Meadows, *Desultory Notes on the Government and People of China, and on the Chinese Language: Illustrated with a Sketch of the Province of Kwang-Tûng, Shewing Its Division into Departments and Districts* (London: W. H. Allen and Company, 1847), pp117-123.

8／ 張富強、樂正等譯編：《廣州現代化歷程——粵海關十年報告（1882-1941）譯編》（廣州：廣州出版社，1993），頁 64-65。

9／ 賀躍夫：〈近代廣州街坊組織的演變〉，《二十一世紀》，1996 年 6 月號，總第 35 期，頁 37-46。

而在同時代的英屬香港，強而有力的現代化政府並未有容讓「街坊」掌握到民兵的合法武裝力量，「街坊」的含義更為類同於生活在同一空間，而具有營聚力的非親緣性群體，也就是指聚在一起交換情報和資訊（八卦）的共同體。

本書命名為「街坊眾神」，是希望從香港社會底層（指構成社會的個體，不是指社會經濟地位的底層）出發，以公共輿論的角度梳理香港複雜而多層次的歷史。七〇年代在香港大學擔任研究員的濱下武志曾在《香港大視野——亞洲網絡中心》提出香港曾經面向四面八方、擁有八大腹地的海洋性格，當中幾乎囊括了人類歷史上絕大部分的宗教。[10] 印度教、瑣羅亞斯德教、猶太教、中國宗教、佛教、基督宗教、伊斯蘭教、錫克教、巴哈伊教，以至種種新興宗教與靈性運動，都可以在香港同時並存及發展。

如果由宗教的角度出發，幾乎所有宗教的教義都具有一定的排他性（exclusiveness）。在全球化退潮的年代，不同的主流社會都對各類型「小眾」重新施加壓力，美國的聖經地帶（Bible belt）、緬甸的羅興亞區域、阿拉伯世界的伊斯蘭國有舉世矚目的案例，而在其他國家亦逐漸浮現。無論一神或多神

10／所謂的八大腹地，包括一、沿海地帶：華南至華中；二、直接性腹地：廣東省南部至珠江三角洲；三、中國西南部：如貴州、雲南；四、東南亞北部，如泰國北部、老撾、越南等地；五、東南亞半島及其島嶼，如泰國南部；六、南海的海洋腹地；七、臺灣；八、日本、韓國、俄羅斯的西伯利亞與中國東北部。參濱下武志著；馬宋芝譯：《香港大視野——亞洲網絡中心》（香港：商務印書館，1997）。

的信仰群體，類近的宗教衝突也多有發生。

由此角度觀察，香港存在著種種來源不同的宗教信仰，卻未有出現教派之間的勢不兩立，其實是十九世紀以來的重大奇蹟。香港的陳慎慶教授在二〇〇二年出版《諸神嘉年華：香港宗教研究》最早系統地回應了這一現象。受基督宗教神學與社會學訓練的陳氏在書中說明了香港各個宗教信徒人口的比例、社會特徵和價值觀，再以中國宗教、基督宗教、回教及新興宗教四個案例說明了香港宗教大體和諧共處的「精神面貌」。[11]

陳慎慶的介紹在二十一世紀初期獲得香港宗教界不同回應，在論述範式層面頗具突破性的一個例子是二〇一七年李樹甘、羅玉芬、林皓賢、黃樂怡等編著的《香港宗教與社區發展》，李氏等在原有論述的基礎上更細緻地將道教、佛教分別處理，在保留「基督教」（意指整體的基督宗教，Christianity）與伊斯蘭教的同時，將討論擴充到其他小型宗教。《香港宗教與社區發展》尤其重視宗教與社區網絡間的互動，以宗教組織與信仰的角度陳述了不同宗教藉教育、醫療、安老等不同社會參與（social engagement）建立了現代香港的融洽公民社會。[12]

11／參陳慎慶：《諸神嘉年華：香港宗教研究》（香港：牛津大學（香港）出版社，2002）。

12／參李樹甘、羅玉芬編，林皓賢、黃樂怡著：《宗教與香港：從融合到融洽》（香港：香港樹仁大學商業經濟及公共政策研究中心，2017）。

為何從最底層出發？

歷史學者與哲學家處理「宗教」、「道德」、「正當」、「價值判斷」的問題上採取不一樣的進路。即使在二十一世紀初，很多哲學家無論是否認同客觀道德標準的存在，仍然圍繞在這一議題上討論。劍橋大學的一位年輕哲學學者 Simon Beard 在二〇一九年六月於 BBC 的一篇普及文章就從「道德」（morality）與「倫理」（ethics）的歷史起源的角度嘗試探討兩者在複雜的現代社會與人工智能、氣候變化共存的可能性。[13] 筆者並非專業的哲學或倫理學學者，這裡也無力加入哲理的討論。在此提出 Simon Beard 一文作為引子，主要是因為 Beard 引用了公元前十八世紀巴比倫的《漢摩拉比法典》

（Code of Hammurabi，下稱《法典》），指其於人類文明的重要性建基於《法典》令倫理不再是單純的習慣與公眾意見，而「客觀化了對錯的判斷」（objectify judgements of right and wrong），使倫理的標準抽離於「說話的人」，成為了庶民至王侯皆需遵守的規範。

同樣以《法典》為例，闡述人類文明演化過程的日本考古學者青柳正規則以一個完全不同的解讀詮釋《法典》與人類社會的關係。青柳正規指出巴比倫人的《法典》前身早見於公

13／Simon Beard, "Deep ethics: The long-term quest to decide right from wrong," BBC Future, last modified 25th December, 2019, https://www.bbc.com/future/article/20190617-deep-ethics-the-long-term-quest-to-decide-right-from-wrong.

元前四千至三千一百年左右的兩河流域，烏魯克時期（Uruk Period）的都市住有大量北部地區的移民，當地的蘇美人（Sumerian）因為要與生活習慣與文化相異的人於同一個空間中生活，就需要制訂防止衝突與對立的規則。青柳正規因此認為世界最初的法律起源於文化多樣性所衍生的需求。[14] 從歷史學者的角度來看，具體的道德、正當、價值判斷出現的處境較於道德和倫理內容本身更有助於我們理解人類的行為。學者作為知識的貢獻者，自然無需糾纏於何者較為優異，兩者的分別在不同的範疇擴闊人類認識的世界，術業有專攻，如此而已。

而在歷史研究方法寬闊的光譜中，有一種意見認為歷史學者的責任不在於從過去的世界中尋覓出普世的（universal）教訓或隨之而來的行為準則，而是要重現出過去的人們的經驗與心靈活動（history as re-enactment of past experience）。從宗教建制（religious institute）的角度出發，敘事者關心的更多是宗教精英（religious elite）所壟斷的教義，以宗教經典（religious text）與系統化的神學表述的信仰為中心。然而，對公民社會而言，最為宗教精英所認可的教義卻不一定能反映整體宗教信仰者的世界觀，更不必然與宗教在社會活動有最緊密的關係。也因此，我們尋求的從來不是最佳的意見，而是前人在過去的想法。

14／青柳正規著；張家瑋譯：《人類文明的黎明與黃昏：何謂文明？又何以滅亡？》［人類文明の黎明と暮れ方］（新北：八旗文化，2018），第3章。

就此，思想史學者王汎森就曾提出，知識人高端和複雜的思想需要影響現實時，往往需要「降一格」成為條文、格言之類的東西，甚至再將之通俗化地改寫為口號。[15] 活在網絡懶人包與 infographic 年代的我們，自然對此有深刻的體會。但即使下降一格，思想史的敘述仍然是以知識人的想像為中心。如道德、正當、倫理等抽象的思考依這一進路探究，最多祇會及於俚俗化的道德教訓材料（如童話故事、通俗的扶鸞文字、宗教團體為普及用的小冊子）。[16] 那麼宗教信仰者在社會中的想法和行為呢？我們可能需要「降到最底的一格」。

從歷史研究的方法來看，學者之間廣泛流傳的歷史材料與論述，必然地受歷史材料形成時的主流社會意見、掌握書寫能力的精英、擁有出版技術與資源的學者、具有封殺權力的政府

15／王汎森：《思想是生活的一種方式》（臺北：聯經出版事業股份有限公司，2017），頁26-27。

16／可參考從臺灣學者王爾敏有關下層的地方民間儒者（尤其塾師課蒙的儒生）的研究。他指出儒者在地方除了教育工作，尚需為地方宗族提供日常生活禮儀、文儀、術數等指導。王爾敏：〈清廷《聖諭廣訓》之頒行及民間之宣講拾遺〉，收入氏著：《明清社會文化生態》（臺北：臺灣商務印書館，1997），頁3-36；王爾敏：〈塾師翁仕朝歷經世局三變及其故國情懷〉（2007），載氏著：《近代經世小儒》（桂林：廣西師範大學出版社，2008），頁454-481；此觀點亦非為王氏一人所獨持，李孝悌亦同樣指出民間「宣講」是晚清知識流傳的重要方法之一。參李孝悌：《清末的下層社會啟蒙運動（1901-1911）》（臺北：中央研究院近代史研究所，2003），頁60-63；亦見李光雄：〈近代村儒社會職能的變化：翁仕朝（1874-1944）個案研究〉，香港中文大學研究院歷史學部博士論文，1996。

所左右。在很多社會中，一旦行為或思想被認為屬於不道德、不正當，對它們的描述就往往充滿情感，或是帶有複雜的動機。當宗教信仰者所秉持的信念與其宗教的主流教義所描述有所出入時，很可能會被視為是異端；而當某一宗教在整體社會中沒法成為主流時，則更可能會被認定是「奇奇怪怪」、「不正當」、「邪」的信仰。在很多歷史上的案例中，當主流的道德判斷被賦予政治力量時，並沒有很多政府能抵抗以武力排除「異端」的誘惑。因此，不少歷史材料更是直接禁毀。歐洲早前宗教史的學者都必定會留意轉奉基督宗教的羅馬政府對「異教」（Pagan）文物的災難性破壞，以至今天研究北歐信仰的宗教學者困難重重，但對轉奉基督宗教的羅馬政府來說，摧毀蠻族萬惡的異教就等同於歐美社會多年來向日本施壓令之刑事化兒童色情作品一樣來得自然。[17]

日本兒童色情作品的爭議簡單就是就由於日本在一九九九年訂立的相關法律單純禁止製作和傳播兒童色情作品，與其他歐美發達國家刑事化持有相關物品具頗大差異。但是，由於日本本本土對於兒童色情的定義與歐美發達國家落差甚大，更有不少本地漫畫及色情物品供應商以本國風土與言論自由的立場反對刑事化。折衷之下，來自執政黨和反對派政黨的日本國會議員在二〇一四年通過新法案，要求國民在一年內去除色情圖片，否則將予以起訴，但同時將被視為重災區的漫畫、動畫和電腦圖形劃出禁令之外，容許作品中的兒童參與的性行為。單

17／Martin Fackler, "Japan Outlaws Possession of Child Pornography, but Comic Book Depictions Survive," The New York Times, last modified 25th December, 2019, https://www.nytimes.com/2014/06/19/world/asia/japan-bans-possession-of-child-pornography-after-years-of-pressure.html.

純從歷史學者的觀點來看，「不道德」的兒童色情作品被銷毀後，未來研究戰後日本社會文化的歷史學者會不會遭遇到今天研究北歐信仰的宗教學者一樣的困難呢？沒有了蘿莉（ロリ）和成人遊戲（エロゲー）的二十世紀日本文化史，顯然不能算是完整。思考及此，過去的歷史世界，又有多少材料因被歸類為「異端」、「不正當」、「不道德」而被忽略、無視、銷毀呢？

面對重大的「不正當」事物，主流社會往往有多種反應：衛道者輕則奮筆疾書的批判，重則推動採取行動，中古歐洲的獵巫者和推動英國廢奴的威伯福斯（William Wilberforce）均可歸入此類；另一方面，社會賢達雖然不喜其事，但礙於種種社會規範，未必願意直接涉足道德的聖戰當中，往往可能只有隻言片語隱諱的批判；而不少對道德的議題無可無不可的社會大眾，出於潔身自好，也就祇是可能盡力的避免接觸「不正當」的一群，忽略其存在而繼續本來的生活。

然而，受批判者也並不必然認同自身屬於「不道德」的一群。歷史上不乏自視為先知的「不正當」群體，用盡一切方式捍衛自身的想法和行為。舉例說，維多利亞時代的女權運動家與現代的同性戀平權倡議者，就在很長的時間下被視為不正當。[18] 而真正的宗教先知，就自然更常在宗教發展的初期因為他們希望改變社會規範而受盡逼迫。如果他們原先就出自這個

18／有關維多利亞時代的女權運動，參 Elizabeth Crawford, *The Women's Suffrage Movement in Britain and Ireland: A Regional Survey* (Abingdon: Routledge, 2013)。

群體，那他們的行為就更是對群體的叛逆。所以耶穌才會感歎：「先知除了在自己的本鄉、本族、和本家外，是沒有不受尊敬的。」（《馬爾谷福音》6章4節（思高本））。

拒絕批判而又較為靈巧的一群，則可能信奉「靜靜地贏唔得嘅」的哲學，在不引發與主流社會的衝突下，堅持自己的生活。研究近世中國異端與正統化的學者康豹（Paul R. Katz）提出對政府陽奉陰違的地方信仰團體以「偽正統化」的方式解決政治問題，與長崎大浦天主堂祭祀送子觀音作為對聖母禮拜的基督徒，都可算是這一類的例子。[19]當然，也不少有堅持過「罪人」生活、但又在心底裡認同社會主流倫理觀點的人，當中不少就可能選擇性地忽略道德考量，繼續「悶聲發大財」。具有更深刻的思考能力者，更可能突破是非的二元的局限，以更複雜的形式表對出他們對相關道德框架的質疑。

以「不正當」為視角的史學作品

在非華語的史學世界，類近的研究不乏問津之人。以上文提及過的推動英國廢奴為例，近年史學家不再單將關注置於推動廢奴運動的政客和社會運動者，亦會關心到傳統被視為

19／中國地方宗教「偽正統化」的觀點，參 Paul R. Katz, 'Orthopraxy and Heteropraxy beyond the State: Standardising Ritual in Chinese Society,' in *Modern China*, Vo. 33, no.1, January 2007, pp.72–90.

「壞人」（villain）的擁奴派群以及代表他們的議員。格拉斯哥大學年輕學者 Paula E. Dumas 二〇一六年的新作 *Proslavery Britain: Fighting for Slavery in an Era of Abolition* 就是首本關於在廢奴運動時期的擁奴者聲音的專著。

與傳統的理解不同，擁奴者同樣建立了不少宣傳運動，從文化、政治、與經濟的角度闡述黑奴的合法性。西印度群島（West Indies）的英國商人與倫敦支持奴隸制度的市民及政商群體在 Dumas 的筆下不再是傳統史學中的自私、無良與非理性的「壞人」，而具有了一個立體而慎思明辯、策略上步步為營的形象。

支持奴隸制度的論述考慮到的是英國政府長久以來在法律

上認可蓄奴，私人商人因此以私有財產購入奴隸。法律的改動導致私人財產的嚴重損失，實在令當年的尊重私有產權的英國社會難以接受。因此，一八三〇年的廢奴決議討論並不是「夜半宮門出片紙」便令西印度群島數以十萬計的黑奴立時成了自由人，而是經歷了一個漫長的賠款爭議過程與以數年計的緩衝期。到一八三三年，英國下議院才最終以286票比77票決議以公帑二千萬英磅補償西印度群島的奴隸主，終於達成共識。[20]這一筆鉅款，約為英國政府當年收入的40%，足佔整個帝國GDP的5%。[21]而投票的結果，也反映認同賠款的議員佔國

20／參 Paula E. Dumas, *Proslavery Britain: Fighting for Slavery in an Era of Abolition* (New York: Palgrave Macmillan, 2016).

會足足78.8%，可說是絕對的大比數。這數字比二〇一九年一月十六日英國下議院反對首相文翠珊（Theresa May，台譯梅伊）脫歐方案的68.1%反對票，亦即二戰以來的歷史新高還要多出10.7%。認同賠償的必要性，就是肯定了擁有奴隸的「不道德」擁奴者是廢奴運動的受害者。Dumas的整理，對我們從新了解十九世紀歐美社會有種大的意義。同樣地，日本的國際政治學者在過去十年亦對過去較為普及的英語史學作品建構的世界觀多有補足。獨協大學外國語學部教授竹田いさみ在二〇一一年出版的《世界史をつくった海賊》與中部大學准教授桃井治郎於二〇一七年出版的作品《海賊の世界史 古代ギリシアから大航海時代、現代ソマリアまで》均是以傳統屢受道德批判污名化或是浪漫化的海盜群體為切入點，重新評估以民族國家為中心的國際關係史論述。[22]

除了視角層面，歷史研究材料的應用也同樣需要對被認定為「不正當」的群體有所關懷。長居香港的《南華早報》（South China Morning Post）作者 Peter Gordon 與香港西班牙商會（Spanish Chamber of Commerce in Hong Kong）前主席 Juan José Morales 合著的 *The Silver Way: China, Spanish America and the Birth*

21／參 "Public Revenue Details for 1833," UK Public Revenue, last modified 25th December, 2019, https://www.ukpublicrevenue.co.uk/piechart_1833_UK_total 及 "Public Spending Details for 1833," UK Public Revenue, last modified 25th December, 2019, https://www.ukpublicspending.co.uk/piechart_1833_UK_total。

22／參竹田いさみ：《世界史をつくった海賊》（東京：筑摩書房，2011）；桃井治郎：《《海賊の世界史 古代ギリシアから大航海時代、現代ソマリアまで》（東京：中公新書，2017）。

of Globalisation, 1565-1815 一書同樣值得我們參考。該書以西班牙語的材料為中心，研究了十六世紀以來西班牙帝國在大西洋與太平洋之間的貿易網絡，直接建構了首個牽涉「全球」的貿易網絡。[23] 這補充了一般英語史學所宣揚的「起源於英國的自由貿易精神促進全球貿易」觀點。Morales 在一次與筆者的討論中，談及英語史學對西班牙帝國的擴張及伊里比亞半島（la Península Ibérica，又譯伊比利半島）的「異端裁判所」（Inquisitio Haereticae Pravitatis）多因著述者不諳西班牙語而單純引用十八世紀以前的英語史料。但有關的材料本身就對天主教國家及西班牙帝國滿有敵意，故多有於行文之間滲了當時的宗教與政治偏見。

另一值得談及的類近例子就是紐約 Marist College 的年輕

歷史學者 Janine Larmon Peterson 在二〇一九年十二月出版的 *Suspect Saints and Holy Heretics: Disputed Sanctity and Communal Identity in Late Medieval Italy*。Peterson 在這本小書中探討了一些神聖身分備受教廷質疑的意大利北部地方聖人（regional saints）。在中世紀的晚期，不少地方城市因著種種宗教與世俗的原因，推崇了群體的主保聖人（Patron Saint）。然而，教廷對於地方教區自行推崇的聖者卻有一套審查的程序。一些時候，當教廷否決了地方教區的聖者時，甚至會將之判為迷信或異端（heresy）。然而，地方群體卻不一定默默接受教廷的聖

23／參 Peter Gordon and Juan José Morales, *The Silver Way: China, Spanish America and the Birth of Globalisation, 1565-1815* (Melbourne: Penguin Books (Australia), 2017)。

諭和裁決，他們也會以各種方式抵抗和周旋。在 Peterson 的介紹中，這些地方群體與教皇與異端審判者（inquisitor）的衝突在中世紀晚期日益強烈。這一系列的互動，既有神學與宗教上的爭論，但亦有世俗利益與地方身分認同的爭議。與一般通論不同，在中世紀被天主教會所鎮壓的異端與被焚燒的女巫，並不是教會的野蠻、無知與迷信，亦不是新出現的奇怪宗教團體敗壞地方倫理。當學者從「異端」與「正統」認證的角度分析，就會發現雙方時而進逼、時而退讓，宗教情感活用了各種理性策略互動。在上述的兩套分析中，「不正當」與「不道德」作為研究視角，協助歷史學者系統地整理與審視過去被忽略的歷史材料與廣為流傳既定論述。然而，這一研究視角尚未廣為學界所活用。

一　「由下而上」書寫香港

視香港為「中西文化交匯」或「東西文化交匯」的大都會可以說是介紹香港歷史最普遍的形式。從最後一任港督彭定康（Chris Patten）一九九八年出版的回憶錄到中國官方網《人民網》二〇二一年有關大灣區發展的新聞報道，這一種「中西」二元的敘事方式一直得以沿用，案例可說是俯拾皆是。[24] 這顯

24／Chris Pattern, *East and west : the last governor of Hong Kong on power, freedom and the future* (London : Macmillan, 1998)；〈讓香港成為中外文化交流的橋頭堡——訪中國傳媒大學文化發展研究院院長范周〉，《人民網》，2021 年 08 月 22 日，http://edu.people.com.cn/BIG5/n1/2021/0822/c1006-32202564.html，瀏覽於 2022 年 12 月 5 日。

然是忽略了東南亞、南亞與中東等不同文化體系，對香港的影響。而由於香港（不論是歷史上或是今天）的文化多樣性極為豐富，不同文化群體間於各生活層面上牽涉大量跨文化群體間極為複雜的交流，難分對錯是非的灰色地帶尤其豐富，不少當中生活的人都是依賴「水清無魚」的哲學生存，我們看到很多宗教信仰者並沒有在其他地方一樣排他地宣揚自身的宗教身分，但他們卻很多時於社會、社區和「街坊」之間有著真實而重要的影響力。

近年多有優秀的作品採用「由下而上」的角度，以個體經驗撰述香港的歷史，尤其在二千年代初，口述歷史開始廣為香港史學者應用。劉智鵬在一篇整理香港口述歷史研究趨勢的短文中，引用了邵家臻、陳順馨、黃啟聰、葉輝等人的觀點，指出口述歷史的方法有效地為年輕人、女性、普通人「揭露在主流歷史之外的另一個未曾述說的故事」。劉智鵬一文大體介紹了近年最為重要的香港口述歷史成果，當中與宗教相關的包括了劉義章二〇〇五年出版的《盼望之灣：靈實建基50年》和邢福增、劉紹麟二〇一〇年出版的《天國．龍城：香港聖公會聖三一堂史（1890–2009）》。[25] 然而，這些與香港宗教相關的成果都是以宗教建制（religious institutes）為出發點，我們仍很難看到一般信仰者的觀點。

25／劉智鵬：〈口述歷史與當代香港史志的編纂〉，《臺灣文獻》，第65卷，第1期，2014，頁49-71。

以邊緣群體由下而上地述說街坊記憶，並將之與世界潮流連結的作品可以參考香港中文大學的人類學者麥高登（Gordon Mathews）在《世界中心的貧民窟：香港重慶大廈》與《南中國的世界城：廣州的非洲人與低端全球化》。兩書以「低端全球化」（low-end globalization）的概念貫穿，介紹了重慶大廈與廣州的南亞、非洲群體在東亞的在地生活經驗與全球發展的聯動。「低端全球化」是麥高登在二十一世紀初提出的新概念。他認為在冷戰完結以來的全球化高潮之中，不單巨型跨國企業會涉足於全國化貿易，個人、中小企與低資本投入的商品均會作跨國的非正式（半合法或非法）交易。這類貿易常見於發展中國家，但即使在香港與廣州這一類全球重視的金融、貿易、工業中心，亦多有發生。麥高登在在重慶大廈與廣州小北路的深入田野考察，向學界展示了在「低端全球化」中，非洲、西亞和南亞的商人與移民工如何進入東亞社會，購買低價電子用品、成衣、原材料、皮革、仿冒品等回原居地銷售。麥高登的研究材料集中於官方論述所鮮加留意、或往往有意加以抹除的「不正當」營生，一改我們對一般宏大論述（grand narratives）中的國際關係與現代全球化現象的理解。這是典型從個體經驗中出發的論述。[26] 另一關於被邊緣化群體的作品是

26／Gordon Mathews, *Ghetto at the center of the world : Chungking Mansions,* Hong Kong (Hong Kong: Hong Kong University Press, 2011)；Gordon Mathews 著；Yang Yang 譯：《世界中心的貧民窟：香港重慶大廈》（香港：紅出版青森文化，2013）；Gordon Mathews with Linessa Dan Lin and Yang Yang, *The world in Guangzhou: Africans and other foreigners in south China's global marketplace* (Chicago: The University of Chicago Press, 2017)；麥高登（Gordon Mathews）、林丹、楊陽著；楊陽譯：《南中國的世界城：廣州的非洲人與低端全球化》（香港：中文大學出版社，2019）。

馬嶽二〇一二年出版的《香港80年代民主運動口述歷史》，當中收錄了十個八〇年代民主運動參與者（李植悅、馮檢基、羅永生、葉建源、黃碧雲、梁麗清、李柱銘、司徒華、朱耀明及夏其龍）的訪問，雖然當中不乏知名人士，但他們在不同崗位上共構香港公民社會的故事卻是反映了一般史事看不到的社會面相，而同在「民主派」的名相下，各人的世界觀也不盡相同。[27]

《街坊眾神》以印度教、道教、東正教會、泰國佛教、中國佛教、日本真言宗、伊斯蘭教、天主教聖方濟小兄弟會（Ordine francescano）、錫克教、基督教後期聖徒會（The Church of Jesus Christ of Latter-day Saints）、巴哈伊教與「正念」（mindfulness）的十二位信仰者的訪問構成，作者團隊盡力以深度訪談的形式呈現他們與奉行中環價值的主流「香港人」宛然不同的生活方式。本書的撰寫緣於二〇二〇年初九龍太子道珠江酒家的一次飯聚活動。當時，長期以來關心香港研究的國際關係學者尹子軒先生當時與宗教學者龔惠嫻博士及筆者討論到我們常關心的各種種族、宗教議題，意識到我們並沒有一本關於香港不同信仰群體的書籍，將香港不同信仰群體的故事簡明介紹予讀者，深為憾事。這就正如當晚在老店珠江酒家所點的招牌豉椒鵝腸一樣，店家沒有用臺灣常見的那種精製去肥鵝腸，而是保留了腸衣的肥膏，鵝腸夾著鵝脂的香味才是這道菜的靈魂：沒有考慮及中西二元框架以外的香港故事，有

27／馬嶽：《香港80年代民主運動口述歷史》（香港：香港城市大學出版社，2012）。

如去了肥的鵝腸，其可堪玩味的層次和複雜結構，也就被白開水直接沖去。很多細緻的故事不從個體經驗出發，根本難以在學者的紀錄中保留。

隨後，筆者與龔博士所發起的「Diversity in Hong Kong」（Project DHK）接受了這個計劃。Project DHK 是由一群本地學者牽頭發起的一個關於香港多元文化的研究及支援計劃。計劃初期以支援本地少數族裔和相關歷史研究項目著手，及後漸漸發展成一個涉及香港文化歷史和發展的一個大型計劃。計劃項目內容羅括香港傳統節日文化、本地非物質文化遺產、本地少數族裔人士群體宗教及文化等多個不同範疇，涉獵範圍之廣亦同時反映著香港社會背後多元的文化。研究團隊期望透過學術研究、知識普及、社會參與及學術研討會四大範疇，豐富本地華裔及非華裔人士的歷史和文化資訊，促進華裔及非華裔人士的文化交融，同時加強公眾對本地文化多樣性和傳承的意識，提升公民意識。本書作為Project DHK的首個出版計劃，邀請了同樣受宗教學訓練的計劃成員韓樂憫與胡獻皿及小說作者沐羽加入訪問與編寫工作，並在兩年內不斷拜訪本書的12位受訪者。

作者團隊尤其關注受訪者的出身、處境與其信仰的關係，追問他們「在何種香港的處境下促使您信仰了這一宗教？」以及「信仰了這一宗教後，又帶了認識了香港的何種面貌？」雖然多樣化的宗教世界反映了香港的國際性，但在現代化與全球化的宏大敘事下，宗教信仰者的個體經驗同樣重要。本書關心十二位「街坊」所信仰的「眾神」，所描繪十二幅的圖像是關於「香港」、也關於十二個宗教信仰的畫作。本書的「筆觸」盡可能不經知性分析的修飾，以十二個獨立而截而不同的案例所作的構圖也看似寬廣無邊，這是因為一眾作者無意在這本小書介紹某一信仰的內涵和教義，而是希望呈現「香港街坊」的不同生活。

我們的描繪對象是香港生活中頗為平凡的人物，讀者不能看到他們生命中某一時刻推動了香港整體社會作出歷史性的變遷；但述說他們在神聖與世俗之間的出入，有如在油畫中刻畫光與影的變化，當中包含了對時間和空間想象的改變，也反映了思想與價值的更新。和 Janine Larmon Peterson 所書寫的北意大利聖人崇拜者及馬嶽所訪問的十位八〇年代民主運動參與者一樣，本書盡力避免在訪問過程當中將受訪者與其所信仰的宗教之間劃上等號。我們不希望假定「因為他是天主教徒，所以他會／應該要怎樣」，因為這是「街坊」圍爐「八卦」的場合，而不是辯論教義的哲學殿堂。因此，在刻意地由下而上地書寫「街坊」的信仰故事時，本書為讀者介紹的是一個名為「香港」的交流空間，即使參與交流的群體各自有不同的價值觀，他們卻彷彿構成了共同信納的輿論。

推薦序

還原宗教的實踐面貌

關瑞文
香港中文大學崇基學院神學院教授、副院長

這是我近年來閱讀過的書中，很值得推薦的一本。這並非因為作者們中有我的同事和學生，也不是書中有甚麼高言大智或驚世學問。相反，書中所載的，都非常著地，讓宗教在平實的生活中更清楚地呈現出來。宗教，本來就是在地面的，從不離地。雖說這書志不在學術理論探究，在我看來，書中卻隱含了兩個很重要的宗教學議題：所謂「世界宗教的範式」（World Religions Paradigm）和「日常宗教」（Lived Religion）。

首先，有關「世界宗教」這概念。近幾十年來，不少宗教研究學者對「世界宗教」這概念展開了具批判力的重新探索。他們認為，這個範式，不單限制了學者們對宗教為何物的理解，也長久以來塑造了一般人看待宗教的態度。簡單而言，「世界宗教」這概念，是歐洲中心主義的產物。按學者 Tomoko Masuzawa

的研究，「世界宗教」這個範式出現於十九世紀，它把西方宗教與其他宗教區分開來，從而二分了「宗教」相對於「東方宗教」，或三分為「宗教」相對於「南亞宗教」和「遠東宗教」。當然，所謂「宗教」，就是西方的宗教，譬如基督教。而且，西方宗教，在有意無意間被被認為是更文明、更理性、更具光環、蘊含著更真更多的真理，佔有人類宗教領域的中心位置。

按此範式，本來五光十色的宗教世界，就被約化為十數個世界宗教。沒有長久歷史傳統的、沒有系統教義的、沒有在西方扎根過的，都只是迷信的、原始的、感性的本土文化現象。有見及此，不少學者提倡要放棄所謂「世界宗教」的範式，使人們懂得尊重宗教世界裡的多元與差異。本書的設計和心意，充分具體化了這種對不同宗教的尊重。

其次，有關「日常宗教」的提倡。對不少人而言，要認識某宗教，都要依賴該宗教中具權威和專業的人或文本的詮釋。例如，甚麼是基督宗教所提倡的愛和公義？要知嗎？問問某牧師，或神學院教授吧。到底一個宗教是甚麼，是由該宗教的文本（譬如太平經）、組織（譬如教會）來界定的，還是由它被如何在日常生活實踐和展現來說明的呢？也許，答案不應該是二擇其一的。可是，一般人都不知不覺地重文本而輕實踐。然而，在宗教研究的領域裡，人們早已意識到「日常宗教」的重要。Meredith B. McGuire 所著的 *Lived Religion: Faith and Practice in Everyday Life* 是很典型的例子。本書所載的採訪、故事，和作者們所用的田野調查方法，正好示範了對「日常宗教」的重視，還原宗教的實踐面貌，非常有趣，也非常重要。本書，既有趣，也引人深思。

推薦序

比想像中更多元的香港宗教

賴品超
香港中文大學文化及宗教研究系
教授（宗教研究）

香港本是彈丸之地，但由於種種原因，早已成為國際知名大都會；它不僅是中西方文化薈萃之地，更是非中國非西方的文化的匯聚之處，而眾多不同的宗教皆曾在此留下或大或小的足印。然而，恰恰是香港作為一個國際都市，生活步伐急速，其中不少市民更是來自外地，不一定會留意四方來客的足跡，即使是作為朝夕相見的街坊，也不一定知道這些來自五湖四海者的他者的故事。

在宗教領域，即使是來自本土宗教傳統的神功師傅，也會有他們的有趣故事。至於香港人有概括認識的佛教，其實是有很多不同的流派；除了在香港佛教界占主流、屬於大乘的漢傳佛教外，也有較為活躍於南亞、尤其伊里蘭卡的南傳佛教，更有屬於「密教」或說「密宗」的、例如真言宗，其實也有他們在港傳播的故事。至於香港人也許只有粗淺認識的基督宗教（Christianity），也有不同的流派；一般稱為「基督教」的基督新教（Protestant）本身已有多個不同宗派，而天主教（Catholic）內更有不同的修會、當中更包括日常生活如在十三世紀的聖方濟小兄弟會；在以上這兩大流派外，作為第三大流派的基督正教（Orthodox）也在港傳播多年，只是一般港人沒有甚麼印象；港人反而更有印象的，可能是一些與基督宗教的主流似乎相關但又明顯有異的宗教、例如基督教後期聖徒教會（俗稱摩門教）。除了這些既似曾相識、但又頗為複雜和陌生的宗教外，更有不少似乎更為陌生但卻不時遇上的宗教，例如源自阿拉伯世界的伊斯蘭教、源自伊朗的巴哈伊教、來自印度旁遮普的錫克教、源自印度但又早已國際化和現代化的國際奎師那意識協會（International Society for Krishna

Consciousness，簡稱 ISKCON，又譯國際奎師那知覺協會）。當然，不能忽略的是，一些有別於傳統宗教但又與宗教或靈性有關的運動，它們在運作形式上甚至有點似商業機構。以上這些不同的宗教組織或運動，他們是如何來到香港、如何在港扎根、他們的信眾又如何與一般市民同呼吸同生活，這些街坊故事都是十分值得一一發掘、留存和細聽。

本書由香港有幾位有心有力且學有專精的年輕學者合作撰寫，嘗試發掘不同宗教在香港的事蹟，並將當中饒有趣味而鮮為人知的故事，為讀者娓娓道來。當然，作為一本小書，它無法包括所有在港的宗教；例如它沒有包含猶太教、也沒有觸及信奉祆教（Zoroastrianism，俗稱拜火教）的巴斯人（Parsees）。然而，這本有小書除了有助讀者了解香港的一些掌故與現況，更可提升讀者的興趣及洞察力，讓讀者自行發掘身旁的街坊眾神的故事。相信對於加強市民對香港的認識和歸屬感，以至促進互相尊重和衷共濟的精神，皆有所裨益。這種學術出版是十分值得鼓勵和推薦。加油！

2022年6月6日

推薦序

先除「迷信」再讀史

譚家齊
香港浸會大學歷史系助理教授

香港小學的中國語文課程，曾經有一篇可圈可點的課文，大意如下：國父孫中山先生在少年時代，於鄉下跟玩伴到寺廟中遊玩。在得意忘形之際，這幫頑童駭然發現殿宇中的神像面目威嚴，便都害怕起來了，更準備逃離寺廟。遊戲時間似乎要就此結束，但天不怕地不怕的國父為讓眾人釋懷，竟跳上神壇並併發神力，將神像的手臂折斷，聲稱「偶像」連自己的手也保不住，大家對它又何必敬畏呢！神像沒有反抗，是否即代表這個神靈是虛幻的呢？這則課文竟沒有指斥國父破壞家鄉的文化遺產，反而藉此誇讚這位基督教徒破除了「迷信」，從小便展示了革命領袖的本色。前輩學者已指出此故事疑點不少，而且相關行為也有充滿爭議性，最終在課程中消失了。不過，故事主要的教訓卻烙印在好幾代人的心裡，似乎成了香港以至整個大中華地區的精英價值：將傳統信仰標籤為「迷信」，視之為中國要進入現代社會必須「破除」的障礙。

在這種氛圍下成長的我，在小學至大學本科時代，竟不自覺地將不同的宗教信仰等同於「迷信」。雖然未敢如國父般跳上神壇，但往往對熱情投入於自身宗教的親朋戚友有所保留，甚至我自身信仰了基督新教，也是以極為理性的方式去「了解」教義，更視聖經及其他基督教文獻為「研究」的對象。因為在我的骨子裡，就是要拒絕「迷信」。

不過，究竟甚麼是「迷信」呢？我似乎沒有找到答案，因為如果視野偏狹，所有的宗教都是迷信。若是胸襟夠廣，則「迷信」就根本不存在了。這個結論，是我在牛津大學修讀博士課程時體會回來的。當時我最勤出席的課程，是中國考古學權威羅森夫人（Dame Jessica Rawson）的研究生討論會。每個參與的同學都是學有專攻的，會就不同的考古學及藝術史課題作深度的報告，還會被教授、客席學者與「天不怕地不怕」的同學尖銳地詰問。有次一位來自中國大陸的同學，對漢代黃泉世界概念與墓葬關係作報告，提到那些宗教觀念是「迷信」（Superstition），羅森教授竟當頭棒喝，厲聲責問那些概念有何不對，我們憑什麼說人家是「迷信」？

其實從歐美的史學史角度來看，「迷信」確是一個過時的標籤。早在一九六〇年代開始，西方的史家在研究前現代的歷史時，已指出不同信仰的神學系統，甚至其中法術、魔力、神蹟等對世界運作的闡述，其實都是現代科學出現以前，對各種自然與人文現象的「技術性」解釋。例如在傳染病觀念未形成之前，解釋染疫者是受惡靈的侵害。那些宗教術語當然有別於科學語言，但都是在技術限制下盡量忠於事實的描述，不可一概說是欺騙百姓或胡思亂想的結果。以為掌握了科學，便會指出不用科學語言描述的世界觀是迷信；以為自己的信仰就是真理，便會指責其他的宗教是迷信。自己不解當然是迷，但自己不解自己便不必去信，何必辱罵其他能解能信的人為「迷信」呢？此外，既然有人能解，為何不嘗試問問人家的理解如何，也問問為何他們能接受有相關的信仰。有了這種「同情地理解」定體悟，便開闊了對歷史人物了解的新天地。

我一直相信歷史研究對今人最大的貢獻，是分析過去的人物在面對他們的處境時如何做選擇。受了現代科學、經濟學洗禮的我們，易以「最大利益」的「理性」框架，套入古人的思維來了解他們的抉擇。但是祖輩的信仰跟我們往往不同，他們眼中的最大利益或許超越了物質與現世。如果對人的了解缺少了宗教信仰的維度，就難免一知半解了。當然，要解決這限制是知易行難的，因為這是根深柢固的包袱，並不只能怪孫中山先生。

我們常說香港是中西文化的匯萃之地，那麼中西文化對本地的宗教發展，是否也有積極的推動作用呢？這要視乎站的是精英文化還是普羅文化的立場。中國的精英文化是高度理性的，天道是沒有喜怒哀樂的規律，而孔子也「不語怪、力、亂、神」。另一方面，西方的有識之士如果不是自我感覺良好的無神論者，就多是秉持「在禮貌的社群中，不談政治與宗教」的原則，因為這樣大概能避免出現不禮貌的爭辯。所以除了系統研究宗教的學者外，中西的精英多慣於將鬼、神及信仰推到邊緣位置，不得已才觸及宗教的話題。流風所及在探索古人時，便盡量不以宗教為史事解釋的核心了。

當然，中西匯萃也包含了不受精英束縛的普羅文化。開埠以來世界各地的移民與訪客，便將不同的宗教信仰也帶到香港這片彈丸之地，在擁擠的街坊中樹立各種聖域與寺廟。也許普羅大眾自有謙卑的心腸，不敢相信真理就在自己的手中，而香港的低下階層多視各種宗教都是「導人向善」的，因而不同宗教的信徒，通常也能和而不同地共處，甚至追求多教的融合，聽取不同的神諭與陌生的心聲。只是這個街坊的香港，在以政治家和大商家為主軸的歷史書寫下，只有模糊的面貌，往往隱沒於時代的洪流之中。

德維以宗教角度研究歷史起家，但言行時有刻意凡俗的傾向，所以他會告訴你被視為「痴漢」的困境，或者對「蘿莉控」的同情。正因為出聖入凡，更能走出精英的框框而進入普羅的世界，去探望及聆聽一個個有血有肉的靈魂，去了解鬼、神、天父如何跟他們渡過人生的喜怒哀樂，去分析他們的信仰如何指點迷津，幫助作大小的抉擇。德維與幾位同是有心人的伙伴，走入街坊的深處，為我們搜集一塊塊細碎的拼圖，以香港的不同宗教為經，以多個宗教信徒具體的信仰經驗為緯，為我們編織出一部以普羅為主角的香港故事。為大眾寫史的好處，是因為我們不常為立法的問題或企業併購的問題而煩惱，所以街坊對生活瑣事的切身經驗，可能是更有用的歷史知識。

先破除對「迷信」的執著，也不以真理的代言人自居，並且尊重與理解有別於自身的信仰，再盡量走進普羅之中，嘗試去體會他們人生的抉擇，並以通俗易懂的語言來書寫。這樣的「採風」編纂過程，會不會成為歷史研究的「新常態」呢？但願這部《街坊眾神》，能給我們有血有肉的啟示。

遇見奎師那

1

與ISKCON的邂逅與沉浸

大學是一條界線，一個人在升讀大學前後視野會改，習慣會變，有時連信仰都會更換。在進入大學前，Lila 曾積極參與基督教生活，還到了四川參與短宣，愛主之情洋溢。不過在到了大學後，事情卻出現天翻地覆的改變。

「在中學時都是在考試讀書，但到了大學後看事情的視野和整個人的思考都會改變，」Lila 這樣形容當時自己的動搖心情：「就好像沒有出路。基督教有些無法解答的問題。」特別是對死後世界的描述，令 Lila 感到困惑：「比如天堂是甚麼地方？我到了那裡要做甚麼？下了地獄的人是不是就沒有機會改善自己了？」諸多的疑惑中，Lila 曾經深信的基督教信仰開始動搖。

更為雪上加霜的，是她每天打開報紙時，都有很多不公義的倫常慘劇、天災人禍、甚至是世界的戰亂。那時 Lila 感到世界觀崩壞，在大學裡的她也不知如何處理。那時她修讀翻譯系，而到了二年級時，由於好奇心驅使之下修讀了一個講述印度文明與現代的課程。那時她只是想去了解其他文化怎樣觀看人生，卻沒料到，由這堂課開始，印度文化直接影響了她往後的人生。「我覺得真的幫助我打開了自己，後來在嘗試改變生活模式時，我真的感受到自己內在的改變，這是沒有辦法騙人的。」

1／奎師那（Krishna）：國際奎師那意識協會的信徒所信奉的神明，擁有至尊人格的首神。奎師那是個梵文名字，有「最具吸引力者」之意。

在這個印度課程裡設有一個田野考察，會帶學生到香港的國際奎師那意識協會參觀。這個協會是由巴帝維丹達・史華米・巴布巴達（A. C. Bhaktivedanta Swami Prabhupada）於一九六五年在美國紐約成立的一個印度教分支，而協會在香港的會址則為許多遠離家鄉的印度人提供一個慶祝宗教節日、傳承文化傳統的地方。那時，Lila 錯過了參觀協會的機會，但教授跟她說可以到美國去，因為剛好教授手上有一個當實習生的機會可以去紐約。從此，Lila 就與 ISKCON 結下了不解之緣。

素食與修行

從二〇〇七年開始修讀印度課程開始，接下來的兩年 Lila 都嘗試著觀察自己的生活狀態，再加讀書與跟做瑜珈的信徒交流。到了二〇〇九年開始，她才嘗試認真觀察生活上的改變，其時她最大的改變就是飲食：「我那時開始茹素，從不吃紅肉開始，慢慢到不吃白肉，最後就不吃雞蛋。這樣一吃就吃了十二年。」她說，本身她就不煙不酒，雖然印度教有這些守則也影響不大。

「吃素後身體感到輕鬆了，因為食物會影響人的意識。如果多吃罐頭、隔夜飯菜、肉、咖啡、煙酒等等，我們的意識就會處於一個愚昧的狀態，就像被雲霧掩蓋一般。但如果我們吃的東西是新鮮的、多汁的、有機的、很多顏色的，我們的食物就會帶動意識。」Lila 將食物連結到靈性，其實是印度教精神的體現，而她強調的就是一種意識的狀態（state of consciousness）[2]。

國際奎師那意識協會強調的一點，其實是日常的修習。舉一例子就是每個人都有自己的工作，人要履行職責，但同時也要冥想，「可能你在吃飯，那一般人的意識就是吃飽飯，有氣力去工作，但如果有『state of consciousness』時，那我們在吃飯時就會想起這些食物的來源，每一粒米、一口水，都會懷著感恩的心，因為每一餐都由雨水、陽光、泥土轉化成能量。」Lila 這樣形容她的日常修行：「所以，當我們修習奉愛瑜珈（Bhakti Yoga）[3]時並不是會停止日常活動，而是我們必須繼續生活，但要將日常生活都上升到靈性層面，而這是非常高的一個境界。」

要達致這種境界，其實難度相當高，所以 Lila 也分享她日常都是通過聯誼、吃健康與靈性的食物，才能維持著意識的狀態。但最主要的還是耐性，Lila 日常會進行冥想，但人經常會有慾望與雜念，很難專注在當下的一刻，這時 Lila 就必須從短的冥想開始做起，再慢慢加長時間。「雜念就像是地毯，我們平常覺得意識很乾淨，但冥想就是打開這張地毯要清理下面的灰塵。清理後還要重組，把這些東西拿去不同地方處理，但我

2／意識狀態：是指一個人對身體、思緒、情緒、環境及存有（being）的覺察能力。與至尊者合一的意識狀態是 ISKCON 奉獻者追求的狀態。

3／奉愛瑜珈：這裡所指的瑜珈並非指我們平常理解的運動。「瑜珈」於印度教中指與至尊者連結。ISKCON 強調奉獻和愛的精神，而奉愛瑜珈就是指透過服侍和愛與至尊者連接，最常見的方式是唱誦至尊者奎師那的聖名。

們不可以就這樣放棄，因為你想想，把這些東西清乾淨後有多麼舒服。」

雜念並非都是靈性上的，有時還來自日常生活。比如說，當Lila開始改為素食時，與家人一起的聚餐就必然會產生磨擦；又如與朋友聚會時，就感受到彼此生活的形態已不一樣，以Lila的形容來說，就是大家的能量頻率不同；更麻煩的，是香港的生活節奏實在與著重靈性的生活格格不入。Lila曾經陷入迷惘，但幸好仍能找到方法走下去，而這都全靠身邊的人提供支持。

與靈性伴侶同見同行

Lila已經結婚六年，而她的丈夫也是修習的同行者，在婚後更是一同修行。冥想是可以一起進行的，而她一開始也是進行集體冥想：「對我來說是很大的支持，我們有集體的chanting，我們叫作Kirtan[4]，會配上樂器。我是從這種冥想開始，到後來才做打坐形的冥想。」她形容與教友一同冥想會有頻率的共振，因為大家也是志同道合，所以很自然就會走在一起，在舊朋友疏遠時，新的朋友無疑能給予她力量。

4／Kirtan：指奉獻瑜伽中唱誦的靈修方式，內容包括抒情詩及咒詩（mantra）等。如有興趣了解唱誦內容，可於網上搜索「Hare Krishna」。

如今，她形容自己的人際關係就像澆花，澆花不會逐片樹葉去澆，而是會直接讓根部吸水，而其他枝葉便會得到滋潤，而 Lila 認為當她侍奉這位至尊者[5]時，身邊的一切都會受到滋潤。她說當自己散發的能量不一樣，身邊的人就會受到感染，所散發的能量就會從奎斯那那處延伸開來。靠著修習，她與父親的關係甚至還得以改善。

「我過往對他有著恐懼與抗拒，但在修習時，我一直祈求可以解開這個心裡的結。所以當我在修行時，我就祈求能放開這個關係的情緒，而信念真的很重要，當我發出這樣的願望時，身邊就會出現幫助我去解決這件事的人。」Lila 說：「我以往不敢跟爸爸說話，因為當我一說話時就會帶出很多情緒，但我現在修行過後，發現跟他說話時我可以很冷靜，還能帶有同理心地聽他說話。所以我們現在的關係比以前更好，這是一個切身的例子。」

淨化人心回饋社會

改變需要靈感，而靈感需要修行，這是 Lila 強調的原則。在修行時，她形容自己曾打開過一扇靈性的門，從此再回不去

5／至尊者：在ISKCON的信仰中，至尊者是指奎師那。

過往社會追求物慾的生活模式。靈感就像是啟發，在修行時一種循序漸進的內心啟悟：「突然會感到一陣感動，甚至可能還是茅塞頓開。有時我未必是與至尊者有交流，但可能透過一些事情的發生，又或碰到一些人，就會感到自己正在打開。」而她形容在現代社會中保持著開啟狀態相當困難，有時人實在太忙碌於在意他人目光，會懷疑保持靈性生活是不是就沒有經濟保障等等，倒不如去上九至五的辦公室工作，像一般人一樣。而 Lila 也曾經歷過那樣的生活。

剛畢業時，Lila 曾擔任了三年的行政工作，然後轉職成教育工作者，也是做了三年。在這六年間，她感到靈性與身體都非常虛弱：「真是壓力很大，無論是打工或是學校的氛圍都有一種沒有出路的感覺，就像掉進漩渦。雖然我一直都在靈修，但跌落的能量太大，我只能休息再恢復自己。」她認為自己要取得平衡，但在社會的工作經驗告訴她無法做到自己最想做的工作，就決定到廟堂看看有沒有事情能服務。

國際奎師那意識協會廟堂裡全職的職員不多，連廚師、祭司、辦公室人員等大概只有十位，而Lila與她的丈夫就在其中。她說，在過往的工作都虛耗心神，因為沒有辦法連接至尊者的能量，而後來做了廟堂工作後才能恢復。

「當我完成了那三年的教學後，才發現其實那是一次淨化的過程，」Lila描述那時的心路歷程：「每個人前世今生的經歷都不一樣，但是，我們始終要回到自己的內心，問自己究竟今生想過怎樣的人生？如果我真的希望得到一個快樂的人生的話，我不想追求物質生活，而是追求靈性的快樂。所以當我選擇這種生活時，我就未必有安穩的生活，但是，我找到我自己，忠於我自己。」

在加入國際奎師那意識協會後，她認為自己現階段的目標是想成為更好的工具，向身邊的人傳播關於靈修的知識、能量與唱誦，因為她曾感受過那種快樂、平安與滿足。而她強調，國際奎師那意識協會並不是一種出世離開家庭的修練，而是強調入世，在社會中履行自己的職責。而在如今，她與數位朋友的夢想是在香港建立一個退修的中心（retreat center），建立一個自給自足的社會。

「有時真的很辛苦，因為我們的廟堂在尖沙咀，其實一踏出廟堂就到了大街，已經能感受到那種能量，就是機械式的生活。」Lila形容：「我們會說城市是人造的，鄉村是神造的，所以大自然和鄉村絕對是更適合追求靈性的地方，但我們又不想完全斷絕，所以我們會在城市傳播知識。」

而靈修與傳播，最一開始的出發點就是信心，千萬不可以沒有信心，Lila強調說：「只要有信心，就會展開一段無法想像的旅程，而這就是我的開始。我忠於我的信念，聆聽我的內心，然後讓信心的力量帶領我。現在我們被太多生活瑣事覆蓋了內心的聲音，所以活得麻木，但這是真正的滿足和快樂嗎？在這些情況下，我們要回去尋找自己。」

眾神皆喜

神功師傅的
多元宗教觀

陳法齊師傅的人生軌跡相當特別：他唸佛教小學、天主教中學、大學讀社工系。畢業後數年，他練習六壬神功，開始替人作法驅鬼。但與此同時，他自認為是在做社會工作。「有些人去了精神科看診也沒有辦法，就會來我這裡驅鬼，」陳法齊說：「又或是農曆七月有些人會忽然人格大變，我也會叫他請一天假，來我這裡處理。」他認為作法並不符合成本效益，通常被鬼纏身的人也不會有錢。然而，陳法齊師傅仍願意投身這行業，因為他認為有些事比賺錢更為重要，而當社工的意義和功德是金錢無法比擬的。

公屋出身，家境並不富裕的陳法齊從佛教小學開始接觸宗教，三、四年級已經接觸到玄學和算命等知識，到了五年級更開始與朋友一起鑽研。升讀天主教中學後，他開始關注靈性上的追求，並思考修行與需求之間的關係。追求靈性生活並不是必然，當中有契機驅使：「人要滿足了基本需要，才會有靈性上的追求。」小學時的陳法齊家境清貧，基本需要並未得滿足，直到升讀中學終於能拿零用錢後，他便從佛教、道教和天主教裡悟到了捨棄的重要性。就像佛教的釋迦牟尼[1]，又或是道教的王重陽[2]，甚至是天主教教宗等，他們的經濟能力和權力都相當雄厚，但卻願意捨棄物質享受，轉向追求靈性：「之所以自我稱呼為貧道或貧僧，就是這個道理。」

1／釋迦牟尼：即為佛陀，原名為喬達摩・悉達多，出身於皇族家庭，於二十九歲那一年體驗到人間苦難而毅然離開皇宮生活。

2／王重陽：是中國道教全真派創始人，有重陽祖師之稱。

「因為好有興趣修行嘅人，會細個就諗如何處理來生或者之後。呢一世只係好短暫，因為靈魂不滅，呢一世只係好短嘅一刻。」另一個契機是與他在佛教學校成長的背景有關。在佛教學校的薰陶下，讀書時期不時在佛經課聽佛經故事，令陳法齊漸漸領會到每個人是脫離不到生老病死的循環，所以除了顧及現世的事也要提前規劃來世。「應該大部分人都會思考這些問題，只不過到年老時才會去規劃。所以相對學生，老人家會較追求靈性，當然這是我的觀察而非科學的統計。」

另類的修練方式

因著對靈性的追求，陳法齊自嘲自己較喜歡「神怪嘢」。除了學習玄學和算命，從二十多歲工作開始，陳法齊因為好奇，開始與一些同好修練六壬神功。適逢七、八〇年代的六壬神功在香港甚為流行，因為當時娛樂較少，於是年輕一輩會當神功是一種興趣活動。陳法齊也是在這背景下接觸六壬神功。「因為過癮所以想學，例如有啲鬼上身嘅人令到佢開口講嘢，呢啲就好過癮。」

雖然受佛教的啟蒙，陳法齊沒選擇出家學佛，卻努力地鑽研六壬神功。陳法齊說，自宋明以來，儒教、道教、佛教三家思想相互影響，融會貫通，修行時難以專精。六壬神功是道教的其中一支，屬於民間教派，但是中國的宗教很難分辨出正統和旁支。六壬神功修練的特點在於它的實用面向：「六壬神功就以咒語處理為主，其中混合了巫術。」陳法齊認為神功是一個捷徑，它「先得後修」，只要師傅給予密咒，並在祭壇上香、唸咒，每一條咒就能啟動法門。這樣就能「借」祖師的力來行法，並借法給學徒，所以稱為「先得後修」。

六壬神功的法門不是任意可以啟動的，而是必須拜師才可以傳承。「修練八字風水等等未必講求傳承，但是神功就一定要師傅同意才能傳授。」師傅有分「陽師」與「陰師」，「陽師」是陽間負責教授神功的人，而「陰師」則是神明。要成為六壬神功的弟子，便需要進行「過教儀式」，代表獲得「陰師」的許可。啟動法門後，弟子便獲得護法神的保佑，在六壬神功中稱為「僮身」（即是護法神），陳法齊解釋指：「平時喺坐壇中，就有個師公嚟到。而坐壇指品位未必需要很高，咁如果死咗之後無法成仙，喺陽間扶助弟子的高靈，都可以是坐壇的師公。平時所講嘅請神並非真正請神，係請我哋呢啲前傳口教歷代祖師，即生前是師傅，但死後未夠功德升仙，咁就需要落壇，以降壇扶弟子嘅行法積累功德。」

過教儀式作法會做幾個小時，其後陽師的教導就要經歷數年。因好奇而成為六壬神功弟子的陳法齊，起初並沒有下定決心成為師傅，在練神功的數年間，陳法齊不時「氹師傅開心，又成日同佢食下午茶」，花了大約五年多時間便成為師傅。這時他仍然是一名社工，並不是全職法師。「驅鬼很窮。」陳法齊唏噓地說：「如果沒有好強大的金錢支撐，是沒辦法教神功。」所以陳法齊當神功師傅同時亦提供玄學服務。大約二〇一七年左右，陳法齊的師兄鼓勵他認真做好六壬神功師傅的職務。經反覆思考後，陳法齊決定盡全力擔任六壬神功師傅。

「跟過師傅，食過夜粥」的陳法齊覺得六壬神功雖然是先得後修，但是並不等於不需下苦功。若要成為師傅幫助更多的人，他更要加倍努力在生活中操練，而日常提升法力的方法就是打坐與喝符水，讓自己的力量增強。修練法力時，陳法齊強調的是打坐所帶來的寧靜，脫離肉身的感覺，因為這樣才能反璞歸真。要做到反璞歸真確實不易，在社會打混了多年，陳法齊的收入不差，但也會不斷提醒自己不用吃得太好，不用享受太多，人生短暫，修行得好就已經足夠。「對於靈性上有追求的人不會過分著重物質嘅要求，能夠溫飽就可以了。正如我的車是由二〇〇五年出廠，買車的原因是我需要它代步，因為晚上外出捉鬼工作時，並沒辦法每一次都找到的士。工作用的車無需要十分奢華，足夠使用便可以了。」陳法齊認為真正的修行者需要活得清貧，而非透過宗教賺錢，否則會與修行目的背道而馳。

解救眾生戰勝心魔

作為修行人，他認為單靠清貧是做得不夠，因為活在香港這個繁忙的都市裡，日常還是有很多俗務要處理，如何在分神中保持寧靜都是一種修行。在鬧市中保持寧靜絕對是困難的，這也是試驗修行者的耐力。成為全職神功師傅後，陳法齊沒有忘記每天的修行，日日如是地持續換茶酒、上香和打坐，但是因為要處理很多日常的繁鎖事務，每天的生活卻是沒有規律的。

「個個未做師傅都好想做，但係做咗就好似上咗賊船。因為啲人覺得做咗師傅就要企喺度德高地，肩負嘅責任好大，例如徒弟疑神疑鬼瞓唔到就會搵下你。」每當有客人上門，陳法齊便要處理他們鬼上身、和合[3]等等的事宜。不論客戶是疑神疑鬼，還是真的有鬼神方面的事要處理，在面對眾多的奇難雜症時，當師傅的首先要冷靜地分得出哪些是病理現象、哪些是鬼神因素、哪些是心理作用，「日常生活太大壓力，又或是父母遺傳的情緒病患，其實也跟鬼無關。」

若分辨出是鬼神因素的話，便要著手處理，陳法齊分享他的驅鬼經驗：「但如果從小到大都很正常，到了農曆七月才突然性情大變，這就要我們處理了。」他舉了兩個例子，一個是二十多歲的青年，與四十多歲的中年，他們一個腰有事，一個腳有事，醫生束手無策後終於找上了陳法齊。「能成功的前提是因為他們真的陰氣纏身，是邪病，不是正常的病。」有一個被鬼纏上的人陰氣一浮現便會令患處都黑了，就像瘀傷，陳法齊就作法把鬼拉出來，困在一個酒瓶裡，病人就這樣痊癒。

除了驅鬼，陳法齊平常其中一種業務名為和合。不過和合

3／和合：有調和之意，應用在人際關係上所指的是人與人之間的關係融洽。和合法事是主要應用在夫妻的關係，透過法事／符咒來修補夫妻或情侶間的感情或拉近雙方的姻緣。

的成功率相對低。雖然驅邪解降等法術可以借用師公神靈的法力，只是因為神明想維繫人間秩序，但是和合涉及人間情愛之事，神明並不太理會。於是這些時候就要倚靠日常修練的法力，成功率有一半已是很好。到了解降頭等等牽涉到鬥法的事，因為祖師公不會管師傅和師傅之間的比拼，就看各自修煉的功夫了。

然而，不一定所有個案也與鬼神有關，有些可能是壓力所致，有些可能是心理作用。面對這類型的客戶，從大學社工系所學習的知識也在宗教事業裡派上用場，比如說如果有病人作過法後不肯繼續來的話，陳法齊便會跟病人的家人做一些輔導，讓病人繼續療程，免得被其他師傅騙錢，而這個過程得以社工的話語來軟化他們的思維模式。面對奇難雜症，不只是需要技巧，也需要智慧，所以每天修練打坐不但為了提升法力，更重要是清空自己的心境，讓自己的身體和靈魂一起昇華。「很多人會覺得修行要放棄一切，要進入深山和寺廟裡，但我認為在城市裡維持寧靜的心才困難。大隱隱於市反而修為更高。」陳法齊說。

相互尊重求同存異

修練並不止是模塑個人的身體和靈魂，還有對待他人的態度。接觸過不同宗教的陳法齊，被問及在眾多的宗教中為何選擇鑽研六壬神功，陳法齊坦言：「因為是多神論[4]」。陳法齊實踐這信念的方法，除了是滿天神佛外，還有對其他宗教保持開放的態度，並且會尊重不同人士選擇個人宗教信仰的自由，當中包括身為天主教徒的家人。「因為每個人有宗教自由。只要唔係邪教，係導人向善，咁就都有宗教自由，要捍衛佢嘅信仰自由。」事實上，陳法齊頗欣賞天主教：「其實信天主教係比較好，除咗意識層面之外，實行方面係講信者得救，當然信左之後要實行，唔好得把口。但係佛教、道教、修行嘅係幾搵笨，因為 suppose 係要修行，唔知要修幾多世，不停重覆，可能要不停輪迴。所以天主教基督教係 shortcut 啲，係好啲。」

陳法齊對其他宗教信仰者的包容不只是停留在知性的層面，「我對外國嘅教會本身就有啲捐助，做善事唔會因為你係天主教就唔幫你籌旗，唔會同其他宗教對著幹。」他甚至協助過其他宗教的信徒：「基督教的覺得牧師不太能幫忙，而天主教徒知道好的神父確實很厲害，但遠在天邊，於是就來找我。」也有一些信奉基督宗教的客人會私下找他算命和看風水，有一大部分是為了幫助仔女升學。「你說他們不虔誠嗎？我覺得，反正他們不是殺人放火犯十戒，這樣就可以了。」

或許，參透各個宗教的世界觀的陳法齊體會到在現世以外還有另一個世界存在，因此他明白要盡早為自己準備來世的事。可是，並非大多香港人與陳法齊持一樣的想法。陳法齊深

4／多神論（Polytheism）是指多於一位神明的信仰系統。

深地知道要在香港推廣六壬神功是並不容易，原因在於香港人比較急功近利，想要快速解決當下的問題，又不想知道下輩子碰上甚麼事，而且對鬼神的事一定要眼見為實：「比如說東南亞的人相對相信鬼神，但香港人要遭遇過才信會有，而且把鬼神當成話題，不會敬而重之，連在拜山時也胡說八道。」

儘管經常作法，也替很多人解決過疑難雜症，但陳法齊並不把自己視為宗教人士。「唔覺得自己係一個好宗教人士，我會說自己是一個法科師傅，之所以不說自己是修行人，是因為大家並不尊重這個身分，卻又會尊重師傅。」在香港生活多年的陳法齊感恩身邊的人也很尊重他的職業，使六壬神功在香港仍持續地傳承，他認為法科師傅這個頭銜能協助香港人解決問題，畢竟總有些香港人需要法科師傅所提供的服務：「佢未必迷信，但係會信有鬼。」

留在香港，他認為在香港從事宗教工作並不困難，值得慶幸的是現行的體制中並沒有限制宗教人士的工作，「基本上除了騙財騙色，政府就不會理會，所以目前仍有很大的自由度。」陳法齊的願景是持續推廣六壬神功，甚至結識了拍電影的人，希望他們向香港人講述神功的事實，消除一般大眾對於神功的誤解。

從衝突中尋找合一

希臘正教徒在港成長故事

如果你在街上看見Photios，你會見到一位戴著黑框眼鏡的一般文組大學生。你不會聯想他是一位正教教徒，更不會猜到他在香港希臘正教會身兼職位。身為土生土長的香港人，又是一位正教徒，他指自己是一個「稀有物種」。在全香港，華人正教徒也許只有十多名，其他的都是非華人。他說：「香港人很包容，你可以是不同宗教的教徒，甚至可以信『飛天意粉神教』（Church of the Flying Spaghetti Monster/Pastafarianism）[1]，我跟大家都一樣，只不過是有不同的宗教信仰而已。」

Photios的名字來自八五八年至八六七年的基督教君士坦丁堡普世牧首佛提烏一世（Photios I of Constantinople），佛提烏一世精通語法與詩學、修辭與哲學、治病與藝術。自三二五年尼西亞大公會議（Council of Nicaea）以後，以君士坦丁堡為中心的東教會和以羅馬為中心的西教會，因政治、經濟、文化上的差異引起各種衝突，國家內憂外患的年代，他曾說過：「在所有人中間，存在著彼此之間的爭論與分歧，他們全都致力於破壞彼此之間的共融。……一位牧者在這樣的狀況之下，應尋求有誰能使教會中分裂的成員合而為一，開始平息風暴。」

雖然與佛提烏一世所處的時代背景不同，但是我們一樣也要面對多元的社會文化，作為「稀有物種」的Photios，不論在教內或是教外也是小眾。當活在與自身信仰文化不同的社會

1／「飛天意粉神教」（The Church of the Flying Spaghetti Monster，簡稱FSM）由美國人博比・亨德森（Bobby Henderson）於二〇〇五年創立，主要教義是認為世界是由一團能飛的意粉怪物所創造的。

中，少不免會遇上衝突，小至生活習慣，大至教義層面，也可以成為引起衝突的導火線。在 Photios 身上可以看到他如何在自身、朋輩、家庭、以至宗教的衝突中追求合一。

一個人和家庭間的信仰衝突

在基督新教（Protestant Christianity）學校長大的 Photios，直到中四才改信正教。在那之前，他都參與學校的團契，但因為發現那裡實在沒有甚麼敬拜氣氛，於靈性上沒有得著而感到失望，於是萌生了尋找其他教會的念頭。於未找到合適的教會之前，Photios 讀到了無數基督宗教歷史，Photios 從眾多由合一到分裂，然後復和再分裂的歷史循環之中，發現在學校裡或是一般大眾所講的基督宗教，要麼就是天主教、要麼就是基督新教，但正教往往被忽略。[2]

然而，透過閱讀歷史對正教有更多了解後，Photios 發現正教有著他所追求的儀式感和傳承感。於是，他鼓起勇氣獨自前往香港島的香港聖路加正教座堂（Saint Luke Orthodox Church in Hong Kong）參與聚會。參加過正教的禮拜之後，Photios 感覺到這就是他所尋求的教會。Photios 著重與上帝同在，一切也

2／基督宗教（Christianity）：包含天主教（Catholic church）、新教（Protestant church，香港人多稱為基督教）和正教（Orthodox Church）三個主要基督宗教傳統。三者的信徒同樣可被稱為基督徒（Christian）。

只是過程，直到最後達到合一。由是，從中四開始他便開始了逢周日到教會崇拜，嚴守齋期[3]，在守齋期的時間，Photios 在會不吃肉，有時一日只可以食兩餐。

家人自然不會理解這種行為，還以為 Photios 誤交損友信了邪教被洗腦。他最初在家裡因為賭氣只吃白飯，母親氣得說不出話來，他的心裡也不好過，在晚禱時憂鬱向主傾訴：「明明我是在親近祢，為甚麼會碰上這種麻煩事？」他到教會問神父意見，神父建議他吃肉邊的菜，並說：「信教並不是看你的形式，神看的是你的意圖。」後來，母親跟他一起到了教堂，理解到正教並不是洗腦邪教，母子關係才緩和下來。

大學宿舍文化與守齋期的衝突

教會內融洽相處並不代表在現實生活中也如是。由於東正教在香港作為小眾的緣故，正教徒的日常生活習慣可能對於普通香港人來說是標奇立異，正如神父一樣，在多年以前，一身黑衣的神父把茶餐廳的街坊嚇得魂飛魄散，因為那身衣服讓人想起蓋達組織的激進宗教分子，後來他就不再穿了。雖然

3／齋期：正教會的齋戒依其時間的長短可以分為「齋期」和「齋日」兩類。齋期是指一段較長的時期，例如復活節大齋期「聖灰星期三」（Ash Wednesday），由開始至復活節前日止，一共四十天，以及聖誕齋期，於11月15日開始，於12月24日子夜結束。而齋日則以一日為限，分別是每周的周三和周五兩天。

Photios 不需要像神父一樣身穿黑衣，但是正教徒的一些小習慣也足以引人注目，祈禱就是一個例子。

「因為國度、權柄、榮耀，都屬於祢——父及子及聖靈——從今日到永遠，世世無盡。求主憐憫、求主憐憫、求主憐憫。」這是 Photios 禱告時的禱文，雖然文句不多，但是也足以引人注目。Photios 帶點無奈：「因為我們祈禱是閉起眼睛低頭，雙手打開手心朝上，嘴巴默念禱文。有次在茶記祈完禱，被對面阿伯以為我撞邪。」Photios 也曾經試過在大學坐校車去上課時祈禱，也會因為動作奇特而引人側目。最為深刻的一次莫過於他與一位天主教朋友一起食飯的經歷。進餐前，Photios 如常會閉上雙眼默念禱文感謝上主，但他萬萬沒想到的是，這天當他念完禱文時，面前的薯條居然被吃了一大半。「我就看看你要祈多久禱。」在他對面，嘴裡的薯條還沒消化下去的天主教徒的笑容帶著惡意：「真是虛偽。」少數的習慣還是會帶來不便，有些人會堅持這些習慣，有些人卻沒有，比如說搶他薯條的天主教徒就從不進行餐前禱告。不過，文質彬彬的他，沒想到會因為教派不同而遭受欺侮。「後來唯有就在等餐點送來前就先祈禱吧，」Photios 苦笑道：「一來到就馬上吃。」所以，不論在家裡或是在街外祈禱時，Photios 通常都選擇身旁無人的時候才敬拜上帝，以免讓大家尷尬。祈禱只是 Photios 其中一個要面對的難題，然而於大學碰上的問題還比想像中的多。

在大學碰上最大的困難是宿舍文化，大學生吃宵夜喝酒是相當普遍的，但正教徒一碰上守齋期便會在宗教和朋輩壓力間起了衝突。就著這點，Photios 苦惱地回到教會詢問神父，而神父跟他說照喝無妨。「令別人失望也不好，」他轉述神父的話：「我們要接受別人的好意，但要記著這個才是真正的意圖。我們不是真的很想喝酒，而是節制地接受別人的好意。這是一種正教的特質，我們不是遵守死板的規條，而是順著狀態行事。」只是沒有守齋還是會有罪疚感，Photios 在反省時會感到靈性上的失落。在基督宗教中，罪的意思即是與上帝分離，他便時常詢問自己是否與上帝同在。後來疫情爆發，搬離宿舍的他終於脫離了這種道德兩難，繼續用線上通訊軟體和教友們一同敬拜上帝。

生活上的差異尚算可以遷就，但是當論及教義問題的時候，Photios 並不會輕易放下原則。只是他認為需要教會合一，便要和其他宗派的信徒同在，所以他不但沒有拒絕與其他信仰者交往，反而積極參與基督徒團契小組活動，就算是大學團契中大多的參加者也是基督新教徒，而他是大學基督徒團契裡唯一一個正教徒。

在團契小組中，少不免也會因各自的價值觀或對信仰的看法的不同而出現衝突，有時更會吵到臉紅耳赤。他分享了面對衝突的方法：「如果那人是來針對我的神學來進行理性辯論的，那我可以跟他討論；如果他是來人身攻擊的，那我覺得也沒有必要特地吵贏他。」就像在大學餐廳裡的衝突，變得成熟的他再不會像青春期初信那樣激進了。

在大學裡修讀宗教研究的學生已經是少數，還是一個正教徒更是少數中的少數。雖然在大學裡作為小眾的身分的確為

Photios帶來不少的挑戰，同時亦換來小確幸。不但身邊多了不少愛好歷史的同學時常找他討論十字軍東征、鄂圖曼帝國等故事，他更在大學裡他認識了熱衷普世教會合一運動（Ecumenical Movement）[4]的朋友，開了一個匯合不同宗派的同學的群組，相聚一起查經，雖然偶爾會有激烈辯論，但始終和而不同。

信仰生活中的差異與融合

Photios曾經帶同學到他的教會參觀，但同學們普遍很難跟上正教的儀式與誦經，後來也沒有再去了。這也不難理解，一般來說正教會的崇拜長達三小時以上，聚會期間會眾需站立，儀式由神父主持，聖壇旁邊站著由數位教友組成的詩班唱著外文的聖詩，對普羅大眾來說確實難跟上。然而，對Photios來說，這是他所追求的儀式感，所以他便是這樣偶然叩門進入了香港聖路加正教座堂。

與大多基督宗教教派一樣，位於中環的香港聖路加正教座堂每逢周日崇拜。在教會幫忙的Photios會在九點多到達教會，被主教祝福過後換上衣服[5]，協助大家點蠟燭。進行禮拜的人

4／普世教會合一運動（Ecumenical Movement）：提倡在多元的處境下，基督宗教內的各宗派和教派重新合一，大家終止對立，互相尊重，並且聯手合作在社區宣教。

5／Photios在教堂內擔任副執士，主要是在儀式中協助神父，而他在儀式進行前需要穿著名叫Sticharion的長白袍，以及戴上禱帶（Orarion）。

會點燃兩根蠟燭，一根為了生者，另一根為了死者。其後大家親吻聖像[6]，並在胸前劃十字聖號[7]。其後進行聖餐儀式[8]，唱詩祈禱直到一點，整個儀式需要三小時以上。

目前，教友們有希臘人、羅馬尼亞人、塞爾維亞人、埃塞俄比亞人（即衣索比亞）、美國人、法國人和本地華人。本地華人是少數中的少數，像 Photios 這種敲門信教的更是絕無僅有。面對來自五湖四海的教友，語言的確是一個很大的溝通障礙，究竟在崇拜中如何取得平衡？Photios 表示正教教會是由領詩者決定使用甚麼語言。Photios 憶述，希臘人會唱希臘語與英語，羅馬尼亞人和愛沙尼亞人就唱他們自己的語言，偶爾復活節會有斯拉夫教友前來香港，那就唱斯拉夫語。

對於香港正教徒來說，語言的差異並不會為他們帶來阻隔，教友們不分背景國籍地和諧相處。大抵是因為教友也是來自不同的背景，教會裡的外國人們看見他一個華人走進來也沒有甚麼所謂。「以希臘人角度來看，基督宗教就分成新教、天

6／聖像（Icons）：其中一個正教的信仰特徵。在正教傳統中，聖像不是藝術品，而是一種象徵神聖、福音、奧秘、帶領信徒靈修默想的媒介，是敬拜儀式中不可或缺的部分。聖像描繪的對象包括耶穌基督、聖母、天使、門徒、以及歷代聖人。聖像敬奉（Icon veneration）一般指親吻聖像、在聖像面前燃香、鞠躬、畫十字聖號等行為。

7／十字聖號（Sign of the cross）：基督宗教派的禮儀手勢，即是用手順次序地點向身上，藉以構成一個十字架。正教與天主教畫十字聖號的手勢和次序也不同，天主教的次序是上下左右，而正教的次序是上下右左，即是點額頭（上）、腹部（下）、右肩、左肩。

8／有別於其他宗派，正教的聖餐儀式，會用麵包（有發酵）及葡萄酒，並將麵包浸泡於裝有葡萄酒的聖杯中。有些教會會用匙羹將浸了酒的麵包放入信徒口中，亦有教會會直接從聖杯中領聖體。

主教和正教，但在香港正教就是少數，就算少數裡有一個極少數也不會是甚麼問題。」他說，在香港的正教徒有著各種各樣的文化，很難能夠成為一個整體。比如在 Coffee Hour 或在聚餐時，大家都有意無意會分作不同圈子，畢竟也不是人人也能用流利英語溝通。

「也有著文化差異，比如埃塞俄比亞的教友們不吃豬肉，跟他們吃飯反而還要到清真餐廳。」Photios 偶爾也會跟教友們到山上遠足，如果有外國教友來香港的話，還會帶他們到處旅行。比如曾經有羅馬尼亞教授來香港工作，教會就帶他們到長州觀光，宛如一座由宗教號召而成的驛站。

分裂中找尋合一

面對眾多的差異及紛爭，作為小眾的 Photios 沒打算放下自己對合一的願望，反而努力地尋找應對方法，所以，他在大學裡選讀了宗教研究。「之所以進中大修讀宗教研究，最基本的原因當然是想要研究正教，但有一部分也是因為受到呼召。」Photios 是由副學士升讀學士的，在香港學制裡由副學士升到學士的成績需要非常高，而他的成績平平卻幸運升上大學，冥冥中有神的協助。未來，Photios 想要好好利用正教徒的身分，繼續研習神學，從宗教知識到神職人員訓練兩邊出發，希望可以做到學者與修士合一的角色。「神父也要有知識才能帶領教友，」他說：「而這就要看神的旨意了。」

港裡尋根

港泰混血兒的信仰省思

從小時候開始，Kaylie 就會隨著媽媽到泰國寺廟參拜，每年也會回泰國鄉下一趟。身為泰國和香港人混血的她，最初時並沒有對於宗教的意義想得太多，最為明顯的，就是她當了十年的基督徒，甚至還在教會當過導師，卻還是會跟從母親到寺廟參拜的腳步。

事情發生轉變是在 Kaylie 的大學時期，那時她感到在學業上迷失方向，甚至萌生了轉校的念頭。「在那時候，事業、學業、人際關係全部一片混亂，而且還要上教會，那時我是真的覺得上教會很辛苦，」Kaylie 憶述那段關鍵時刻：「上教會是為了責任，但我就像斷線一樣，而且還有點精神崩潰要見社工。」就在那時，她對基督教的信心開始鬆動。

「現在看起來，有種感覺是教會吃定了我們青少年發育時期，人的自我認知不足，青少年比較容易質疑自己和反叛，而宗教就走進了我們生命。」Kaylie分析了基督教如何在教會中學中影響她，但到了大學後，她認為流失信徒卻是必經。以她自己為例，就是在大學失去對於宗教和自己的信心。而在這時救她一把的，就正正是她的母親。

就在一切都混亂無章之時，Kaylie再次陪媽媽去元朗下白泥的寺廟參拜。決定性的那天Kaylie迷茫地走進寺廟，那天沒有特別儀式，但她記得那時在普通地參拜之時，那裡的人泫然欲哭的模樣：「那裡的人很和平，沒人煩你，沒人催促你，慢慢地令我想知道究竟是甚麼能量讓我覺得這麼和平。突然一切都靜了下來，內心和世界都安靜了。」

重回泰國佛教的懷抱

Kaylie 皈依泰國佛教的經歷是循序漸進，而並非一蹴而就的，「是我長大了，比較多獨立思考後，才成為一個佛教徒。」在出社會工作後，Kaylie 開始恆常與母親到寺廟參拜，更因為家庭原因懂得說泰語的緣故，她會在寺廟裡幫助泰國人和香港人做翻譯。在翻譯過程裡，她對於宗教的了解更深入，還會去找中文、英文、泰文的翻譯書來研究。

泰國佛教不會嚴格管制飲食，葷素不忌，但不可以吃生肉，比較嚴格的是不可殺生，直接與間接都不可以。比如說，去魚店不能指著一條活魚說要宰了它來吃，又或去海鮮餐廳等等，換言之就是不可以讓生命為了教徒而死。「未信教前我還沒有留意，照樣打蚊子和踩螞蟻，但後來信教後由於留意了，就不會去做。」至於酒精，Kaylie 是可以喝的，問題不在於喝酒，是擔心如果喝了會犯其他戒條，她才選擇只留待節日才會喝。

後來，當 Kaylie 對於佛教更為投入後，便選擇守戒，甚至會去廟裡住宿。「一年會住幾天，過午不食，身穿素衣，」她分享自己只是偶爾去住，但如果像她媽媽那麼虔誠的話，更會去住上一兩個月，早睡早起，打坐行禪，過簡樸生活。「就像去露營一樣，進去廟裡就會不管外界的事情。不過我們不是去享樂，而是去觀照自我內在，我媽媽在樹下有個帳篷打坐，而我就會在房間裡看一些關於信仰的書。」

在皈依佛教後，Kaylie 與媽媽的關係也變得更緊密，就算是在小時候，她們也曾交換過關於宗教的看法：「基督教和泰國佛教之間有些核心價值是相似的，但我也經歷過很矛盾的思考，比如怕母親會下地獄，於是就向她傳福音。但也有一些衝突，比如明明是她養我，但為甚麼我飯前祈禱是在感謝主？至少現在沒了這些問題，去寺廟也像是親子活動那樣。」她形容，她們兩人現在的關係就像是共修者，是一起成長的人，互相分享都會是對方的動力。

一 投身廟宇生活

泰國佛寺平日也會開放，而信眾參拜時會帶一些食物或日常用品給僧人，名為「供僧」。比較有心的信眾還會直接在佛寺的廚房裡煮，因為他們相信要給僧人最好與最新鮮的食物，才會得到好的福分。而因為僧人們的規矩是「過午不食」，每天只吃一餐，因此信眾們早上就要準備好食物給他們。他們葷素不忌，只要是信眾供的食物都會拿進自己的缽裡進食。

用餐完畢後，他們便會以一塊袈裟色的布蓋好缽，準備等待住持那天的分享與教導。Kaylie形容這個過程是「隨心」的：「過程不固定，但有時間限制，通常僧人九點二十至三十分會上座，因為要在過午前用完餐。」而大部分住眾也不會在僧人用餐前先吃，因為他們相信食物是為了供給僧人才煮的，而不是為了一己私慾。有些婦女還會每天去供僧。「而僧人們就不能自己去拿東西吃，因為他們不可以去『想』要些甚麼，這是慾念問題，他們不可以主動去思考、尋找、選擇自己想要吃甚麼東西。」

除了敬拜僧人外，寺廟裡還有經書可以讓人了解整個宗教，但是，Kaylie 卻說泰國佛教並沒有鼓勵人要去不斷研讀經書：「如果你很有心去研究那當然很好，但一般佛教徒卻沒有這個必要，因為佛教相信一切知識都是讓人自我成長，跟基督教的風格很不一樣。我們著重自我修行和抉擇。」

談到這點時，Kaylie 分享了香港與泰國之間的宗教差異。每年回泰國一次的她發現到，泰國佛教由於是國教，有大量的信眾，於是修行的比例反而不太多，只像一場儀式。反而在香港有更多人執著於修行，想鑽研打坐與經書。

多重身分認同

由於長期往返香港與泰國，Kaylie對於兩地的宗教文化都已相當熟稔，而她的身分認同比較偏向香港人：「畢竟，從小就在香港長大受教育，朋友們都在香港。」但在信奉泰國佛教後，她在宗教上與泰國多了一分連結，以往只有寥寥數名泰國朋友，現在多去寺廟後多了很多，更喜歡自己的泰國身分。「我覺得都是緣分，才能讓我既是香港人，又是泰國人，更是泰國佛教徒。」

現在，Kaylie 會在寺廟裡幫助香港人與泰國人做翻譯工作，她相信幫助大家的精神與身體健康是非常重要的，希望自己即使不是專業人士，都能將這些經驗分享給身邊的人，她認為這是她的任務。有時是泰國人前來尋找協助，比如要填寫銀行文件上只有中英文，就找 Kaylie 幫忙翻譯；另外，有時香港人來寺廟時，又會找 Kaylie 幫忙，因為當他們詢問住持修行或生活上的問題時，但由於住持的用詞太艱澀，就會找她幫忙翻譯。

其中一個特別之處，是泰國佛教是與皇室緊密聯繫的，但這點對於香港的佛教徒卻是曖昧不明的。原因是，由於泰國信奉佛教，因此皇室必然是因為前世的因才會降生於此，成為皇帝。因此，如果人不信因果就能隨時推翻他得以成為皇帝的理由。Kaylie 說，因為佛教重前世今生與因果，就會相信皇室是守護這片土地的人，而前世是做了很多事才會成為這片土地的主人。不過，她也說道，本地的香港人不太意識到泰皇的存在，因為在寺廟裡不會掛上泰皇的照片。

在過往，即使有著血緣關係，Kaylie 並沒有想過要前往泰國，但是後來由於宗教的關係讓她與媽媽的關係變好，受著疫情影響讓她無法回去探望親戚後，她開始思考要不要移民泰國，儘管在香港土生土長，有許多難以割捨的東西。「朋友們都在香港，但是我想，人到中年，大家都有家庭了，應該是可以的了。」目前，她打算四十歲左右前往泰國，「而且，家人對我來說是最重要的，去了泰國，跟大家距離變近也更好。」

鬧市中尋淨土

法忍法師的學佛弘法之旅

法忍法師與佛教的淵源從小時候就開始了，出生於佛教家庭的她，自幼稚園就開始念佛教學校。四歲皈依、八歲跟隨法師學習的她說：「我不是讀佛學院出身的，而是在寺廟長大，由低做起，專門做些倒茶送水掃地的工作。」回憶起童年時，法忍將這些不尋常的人生經歷說得輕巧。

還在念小學時，法忍法師已經不得不開始反思生老病死的議題了，全因小學時她有一個同學的父親在家中維修電視意外身亡，到初中時，又有一位好友的父親癌症過世，更有一個同學跳樓自殺。從這些經歷起，法忍法師不禁對生死的意義產生好奇：「八〇年代是淨土宗興盛的時期，我生於這個年代，生活又這麼接近佛教，就想要親自研讀佛經，還希望畢業後能馬上出家。」

由是，她在大學選擇了香港中文大學的宗教研究系，不過在此以前，以及其後，她的一生都與佛教緊緊綁在一起。如今學成歸來，身兼多職的她對宗教已有比過往初入門時更深入的反思，說起對於佛教的願景時，她能堅定地說：「我想日後，或許在我的能力範圍以內，除了能令更多人認識佛教之外，更可以將佛法實踐到生活中。」因為，這是她認為真正能夠幫助別人的方式。

一念佛緣起——修讀宗教研究

懷著對於佛學及宗教的好奇，法忍法師考上了宗教研究學系，馬上遭遇到巨大的人數差距：全班一共二十五個人，其中兩個佛教徒，一個無宗教背景，其餘二十二人全部相信基督宗教。這反映了香港的宗教比例，也顯出了少數宗教有多邊緣。「那個年代是這樣，那二十二個人裡大概有三分二是新教徒，其餘都是天主教徒。」法忍法師形容那數年的相處是融洽的：「全靠那三年教育，才讓他們理解到世界有那麼多宗教。不過因為基督教比較排他，所以剛進大學時，可以看見他們碰上很多挑戰。」

比如說基督徒去了參觀扶乩時，心裡會有掙扎；又或參觀國際奎師那意識協會時，又不能一起唱詩，因為詩裡就有其他神明的名字。反而是佛教的排他性比較低，法忍去參觀時只覺得有趣，不只是其他宗教有趣，而基督徒的反應也相當有趣：

「看著他們坐立不安、不知如何是好的樣子，我就覺得，真的是很特別的經歷。」

不過除了宗教研究學院內部的包容與融洽外，法忍法師認為，香港社會普遍對於宗教仍有質疑與質詢：「我入大學時是二〇〇〇年代，那個年代人們仍然普遍認為宗教是迷信的，而且那時沒有人說身心靈發展，於是，宗教就被看成離譜的事。」雖然四大宗教受到的大眾目光會比較善意，可是，信仰依然和封建迷信綑綁在一起。「但我多去了不同宗教的田野考察之後，才發覺，原來很多宗教還是很盛行，其實我們看著那些宗教人員，是不是都覺得是一種著迷？為甚麼他們對於自己的信仰那麼著迷？而我就因此對宗教研究更有興趣。」

從社會大眾來的問題還有一個：大學畢業後要做甚麼？法忍法師想繼續弘法，只不過她發現拿著大學三年的經驗是不足以說服大眾宗教不等於迷信的，在那個年代，傳教還最好是要訴諸權威。在大學畢業時，她也想過出家，而她母親就語重心長地問她：「你出家是為了自己，還是為了眾生？如果你是為了眾生，那麼你一個剛大學畢業的孩子有底蘊去說服他們信佛嗎？」由是，她決定遠赴英國蘭卡斯特大學修讀宗教研究。

福慧雙修——做個雙腿走路的法師

法忍一直強調自己想做一個兩條腿走路的法師，一邊是哲理上的追尋，另一邊則是鑽研佛教儀式。這是因為從她出生的八〇年代開始，雖然一直以來都對佛教有認知與好感，但是慢慢發現當自己參與儀式時，社會大眾都會認為這是不科學的、不理性的、迷信的。「更嚴重的，是甚至連佛教徒自己都有這樣的價值判斷，他們不想去追隨一個做儀式的法師，而追隨一些例如是參禪與講經的法師。」法忍說道：「就像分了階級，參禪、講經、打坐就像是白領，做儀式就是藍領勞工那樣。」

從這時開始，法忍就找到了自己研究的問題意識，由是在碩士和博士論文裡，她都是專門研究儀式的。她總是在想：「天主教的神父不懂得做彌撒是很大問題的，那為甚麼大家會覺得佛教法師要不懂得做儀式才是好事，才比較矜貴？究竟問題出於何處？原來這一切就像是清末民初的打壓歷史。」說到宗教歷史時法忍可以侃侃而談，但對於不公平時，她依然感到不平。

在英國進修時，她嘗試找了大學的佛學會，「但當我推開門時，只看見一群外籍同學，他們只做兩件事：茹素，每星期一次共修靜坐，但完全沒有法師或導師指導。我覺得太兒戲了，之後就沒有再去。」那時她自己修行，每天念經，剛好在畢業前完成論文。二〇〇八年時，她終於取得博士學位回到香港，翌年，她就剃度落髮，正式出家。

回到香港出家不久後，她開設了一個講堂，取名為「法性」，就是想希望在這喧囂紛擾的都市生活中，為大眾提供一處清淨修學的道場，更想廣傳「眾生皆有平等覺性」的教理。除此以外，又有團隊找她設立講座，那天有四十人來。但講座過後兩個星期，當她再設立佛學班時，報名人數一下子衝到了四百人，那個時候她就知道可以找個地方，建立一個弘揚佛法的基地了。

變化不定——時代變遷帶來的挑戰

十多年過去，法忍法師如今身兼多職，既是法師，更回到母校中文大學當講師，肩負多種職位，她視之為弘法的機會。「如果可以的話，我很願意去分享佛教，而這樣的一些機會讓我很感恩，」她說：「比較過全香港我遇過的宗教系，其實中文大學的宗教研究系真的比較客觀中立。我覺得這些有很多偶然，也是很多因緣。」

只是時代變遷，她發現到香港人也在變化，對於宗教的態度也與以往差異極大，過往的人會歸屬於一個團體，無論是基督徒或是佛教徒也不會隨意變換教會或寺廟等等。「但現在他們會開始有一種顧客心態，他們會去選擇，不會局限在某一個團體。」法忍法師說著：「站在一個宗教人員的角度，我會覺得他們並不是沒有忠誠度，而是他們忠誠的是整個生態。他們會說如果只跟一個導師是不理性的，這樣合理化了自己像購物般的心態。」

在過往即使是法忍法師，都是只跟隨一位導師的，但如今卻變得非常流動。她歸納了三個原因：其一是名氣與追星心態，香港人會追隨有名氣的道場，就像一個保證；其二是信徒需要關懷，最好是個人關懷，要照顧他的個人需要；其三是想要與導師建立更親密的關係，就像人際關係好，因緣自然好。

「我以前真的不太理解，因為我自己不是這樣子學佛的，但現在普遍都變成這樣了，那我就想，究竟是到了哪裡出現問題呢？我也常常會教導他們這樣子是不健康的，但不會有人理會我。於是我後來想，其實如果我們按他們的需求來給予互動的話，這對我們來說也是不健康的，我們也要修行的，但現在好像變成了在做服務業。」

除了在當法師弘法時自感是服務員以外，連在大學教佛學也像在做服務，法忍法師說，以前為人師表是受人尊重的，但現在只是一盤生意。她不理解的是現在學生為甚麼可以對老師做教學評鑒，好像在被評頭品足似的；但在另一方面，學生感到分數不如意時又會來求情。「我有時也真的會沮喪，我只是來分享佛法給你，不代表一定能拿到高分。其實很公平吧，蹺課或是作業寫得不好，我也是沒有辦法。」身兼法師與教師，都讓法忍法師感到時代正在快速轉變，但最讓她感到時代不一樣的，始終還是當 YouTube。

一 法無定法——走進自媒體新時代

在最初的時候，YouTube 也還沒流行，而法忍法師把影片上傳也只不過因為它免費，把影片上傳就能省下買雲端硬碟的儲存費用。「那個年代還沒流行直播，也沒有所謂的多媒體傳教，尤其是在佛教。」她說：「但我又覺得，這樣其實有發揮空間。」她第一件事就是調整影片時長，把平常開示內容的四十五分鐘縮減到十分鐘，而且不是她自己剪的，她讓一些初接觸佛法的義工把過往四十五分鐘的影片，按觀眾角度自行剪接。

做了數年 YouTuber，再加當法師和法師的經驗後，法忍法師最大的感悟是現在人與人的關係已經不再需要實體來往，不用在物理上出席一個空間，而且人也不想來：「實在太浪費時間，他們有時間倒不如去家庭聚會，或者去玩，為甚麼要來聽佛經呢？」於是，YouTube 反而成為了法忍法師現在最大的弘法平台，有時在路上也會有人主動向她打招呼，問她是不是YouTube上的「法忍」。

「不過這也沒有連結到甚麼東西，因為這始終不是師徒。」法忍法師始終覺得自己是幸運的，因為相比起只有線上平台的人來說，她還有一個講堂，有實體接觸到信眾：「我們有一群固定信徒，有固定的見面時間。不過就可以看見實體和網絡的比例越來越懸殊，從一開始可能五五，後來四六，現在三七這樣。網絡上的人實在太多了，但真的來加入的人太少。」

這一切都構成了法忍法師的煩惱，無論是學生的行為，或是一部分信眾把信仰當成購物，又或是YouTube傳教的不穩定性，這些事情反而讓法忍法師看見了自己的問題，亦成為了修行的障礙：「我以前常常都口號式地說，要與更多人結緣，但我心裡其實真正想的是這些人用了佛法後有改變、改善，甚至是進步。所以常常感到沮喪，我說的佛法原來他們沒有聽。」從這種狀態裡走出來，她足足走了五年的時間：「原來放不下的是我自己。我既然聲稱自己是來結緣的，就不應該要求他們一下子就馬上能放下煩惱。我要告訴自己是真的來結緣的，這樣才能確保修行穩健。」

因為從佛教角度，如果在這一世裡沒有把握到好的機會，下輩子又會再沉淪。法忍認為不應該因為太遷就信眾，就搬起石頭砸自己的腳，就好像浪費了今世而下世不知道去哪裡重新修行過一樣。「這也因為信仰系統不一樣，我想，傳道人或牧師其實輕鬆很多，時不時跟上帝懺悔一下就應該沒事了。但我們不能死前跟佛陀說聲『我有普渡眾生啊，我有結緣啊』等等的話，是信仰體系讓我們做事必須更小心，更謹慎一點。」

隨心隨緣——日常中實踐佛法

如今，法忍法師決定讓一切隨緣，儘管過程難受，但她也接納了這個事實。但是生活艱難，在香港要當一個出家人也不是易事，既有前述的服務業特質，更經常遭受歧視。比如有次她去買刮鬍膏剃頭，就有人走過來打量她，還問她女人買甚麼刮鬍膏。又有人嫌他們帶來噩運，說看見和尚賭錢會輸等等。迷信的人有迷信的歧視方法，自恃為理性的又加以打壓，法忍法師認為，這一切都只能用妥協的方法來處理。

在香港當一個佛教徒，法忍法師的願景是想讓佛教的形象更加正面，而從九〇年代開始，由於更多名人信佛，她的願景好像都已經實現了。「不過如果你現在問我，我會希望未來大家不只是聽過佛法就算了，而是用佛法來改善自己。不一定要修行，而是去到某些人生難關時，可以說聲，看開點吧。這樣就足夠了。」

「現在社會太多戾氣了，大家都不會舒服。就好像在路上都能看見面目猙獰的人，就像一坨灰色的雲。」法忍法師說著，在香港當一個佛教徒想要走下去，最重要的其實就是實踐：「我想日後，或許在我的能力範圍以內，除了能令更多人認識佛教之外，更可以將佛法實踐到生活中。」僅此而已，就讓一切隨緣。

從高野山到獅子山

港人真言宗住持的苦行密法

日本的高野山真言宗設有一個香港別院，名為蓮華定院。住持劉真華阿闍梨[1]有著一頭烏黑短髮，外出時穿便服，假若你早上在茶餐廳碰見她吃早餐，也許沒有辦法聯想到她修佛，更是一院之住持。其實，劉真華在成為僧侶之先，她的生活與大多香港人一樣，有穩定的工作、閒時與朋友家人相聚、放假時到日本旅遊。她與香港人愛好日本的原因一樣，喜歡日本的寧靜、藝術、古建築、庭園與花道茶道等等，只是她比一般香港人多踏出了一步，而且是著重旅遊面向的香港人不會想像到的——宗教。佛教講求緣分，而劉真華的經歷淡然如一場因果的網絡，其中沒有非常顯著的轉捩點。在過往的每個機緣以及她所作的每個決定，引領她走到日本高野山求法，體驗苦行生活。

說到真言宗的歷史與起源，則要追溯至一千二百年前的唐朝，於十九歲已入山修行的日本僧人空海大師隨遣唐使前往西安拜於惠果[2]門下，成為真言宗的第八高祖。學成後他回到日本開宗立派，名為「真言宗」。他在公元八一六年於高野山修行，並建立了金剛峰寺，成為真高宗的總本山，一直延續至今。傳入日本後的佛教與已與中國佛教大相逕庭。經過了一千多年的發展，佛教和日本的文化及宗教已經緊緊扣連，互相影響。

1／阿闍黎：為梵語 ācārya 的音譯。指能教授弟子法式，糾正弟子行為，並為其模範的人。

2／惠果，指惠果上人，真言宗的第七高祖。

為求法不惜跨洋千里

出發到日本高野山求法之前，劉真華對於佛教可說是毫不認識，頂多是參拜觀音，都是一般受民間信仰影響的香港人會做的宗教行為。直到後來她到了日本旅行後喜歡上那邊的寺廟，才萌生出去日本留學的念頭。二十多歲時，她在日本唸了兩年語言學校，期間亦到訪過當地寺廟，被那裡的古代建築、古舊的佛像及寧靜安逸的環境吸引，漸漸對佛教產生興趣。因此，讀完書回香港後，她一邊打工，一邊了解佛教。

接觸到真言宗可謂是一種緣分，憑著一顆單純地喜愛日本寺廟及佛教的心，劉真華在網絡上搜尋「日本宗教」，並找到了高野山的出版社，真言宗亦成為她第一個接觸的佛教流派。劉真華因緣際會下讀了一些日文的佛教書後，發現了出版社的老闆認識寺院中人，從中可以介紹她到高野山修行。思慮之下，相比起香港的都市繁囂她更嚮往日本寺院的寧靜安逸，她便決定賣掉房子與離職，隻身前往日本學佛。

「現在我們多了很多可以在網絡上學佛的方法，甚至可以足不出戶就能接觸到密宗，」劉真華對比了如今與九〇年代學佛的差異：「但那時我憑著有限的日語摸黑上山，從來都沒去過那麼荒蕪的地方，大概兩百米才有一盞路燈，大約到晚上六點左右，已經是伸手不見五指。那是十二月，正值冬天，我一個人夜晚爬上渺無人煙的高野山，嗰時都幾驚的。」上山也不是僅此一次的事，「我足足來回了六七次，上高野山與各個行政單位、教學部、師傅們去做面試。」每次上山面試，劉真華只是短短在山上逗留八天多便下山，不停來來回回。

在面試裡最常碰到的問題無非是「香港沒有佛教嗎？為甚麼跑來日本學佛？」劉真華的回應方式頗有佛教故事的慧黠：「一千二百年前惠果上人沒有依據國籍來判斷應該把密法傳給誰，才有後來第八高祖空海大師把密法傳入日本創立真言宗的歷史。千幾年後的今日也可以將密法傳給其他國籍的人。」一起初她只是想認識佛法，她沒想到在這來來回回的經歷，以及過往搜集資料的過程中體會了佛法的可貴之處，潛移默化地喚起她將密法帶到本地的渴望。

儘管她是香港人，也是女性，但這些外在條件也無礙她一心求法的決心，仍然決定不惜一切付上代價求法。從被拒絕、到接納、到上山出家，足足經歷了好幾年的考驗。在法心感動之下，從一九九〇年皈依添田隆昭大僧正門下修習真言宗密法後，她到了一九九六年才感動到他們，得以在高野山蓮華定院得道，得到法號真華，高野山終於願意讓她參與一百零八天的苦修計劃。[3]

3／苦修計劃：正確的學名為「四度加行」，是指僧侶在接受傳法灌頂之先，需要修的四種行法（十八道法、金剛界法、胎藏界法與護摩法）。

寒冬雪山裡苦行修練

那是冬季二月，日本剛開始融雪時期，正值全年最冷的一個月，劉真華凌晨三點就要起床。在她的房間裡只有一個聊勝於無的小暖爐，在高野山上根本算不上是甚麼慰藉。衣櫃裡只有三件僧衣[4]，地上一雙木屐。她起床，打坐，唸經一直到五點半，就開始準備需要學習的課程和法事，然後六點上早課[5]。

其後她便去與師傅和同門吃早餐，在佛寺裡吃飯名為「過堂」[6]，需要時時唸經。早餐過後她便開始打掃和唸經，直到十二點午餐後，苦修最辛苦的一段便來了。她要在冰天雪地中穿著木屐前往「奧之院」和「壇上伽藍」，前者是空海大師長眠之處，後者是空海建立的道場。這兩個地方距離午餐的地方足足有兩公里，沿途全是及膝雪地，她頭上也因苦修剃去頭髮：「有時真的冷到下意識哭了出來，沒有辦法。雪會在木屐的趾縫中卡上來，直到膝蓋全是冰冷的雪，成隻腳凍到皺皮，根本是舉步難行。」

4／僧衣：僧侶的衣服共有三套，分別是修法的服飾、日常用來會客的服飾、以及工作時穿著的作務衣。

5／早課：佛教修行人士每天要做的修行，早上時段為「早課」；晚上時段為「晚課」。目的是每天在同一段時間，做同樣的修行，養成一個習慣，其內容包括供養、禮拜、禪坐、持名、讀誦、發願、回向等。

6／過堂：又稱為「過堂飯」，佛教認為「行、住、坐、臥」皆是修行，所食飯都是修行。「過堂」就是僧侶進入齋堂，依特定禮儀一起食飯。

除了外在環境外，人際關係也是一個難關。她是當期在高野山上唯一一個外國人，也是少數的女性，其他全是日本寺院的繼承者。他們前來高野山苦修後，便能回到自己祖傳繼承的寺廟擔任工作。日本是著名充滿潛規則的地方，比如餐具用具如何擺放等等他們不會直接告訴你，只會沉默告之，劉真華在初時就為此吃了不少苦頭。其後到了閉關修行後，這種人際關係的難題又變形成另外一種苦頭，其時他們被下令禁語，除了唸經外不得交談，就算見面也只能合掌點頭致意。少了交流，卻多了孤獨，在修法的這些日子裡她唯一能交流的對象就是師傅：「如果讀經時有不懂的地方，我就會寫字條 book appointment，在會面處等師傅來指導。」在冰天雪地的高野山上，佛教也悄然成了一個現代的規訓機構，有著各式各樣的行政事務。顯然，這種生活對在香港長大的劉真華來說實在不易，苦修期間十分掛念香港的茶餐廳以及閒時與朋友食飯聊天的生活。艱苦的修練、離鄉的孤寂，令劉真華萌生起放棄的念頭。每當想放棄時，她回想起過往所付出的代價，然後咬緊牙關跟自己打氣說聲「頑張って！頑張って！」。

闖闖難過關關過，好不容易完成百日修行，劉真華終於成為僧侶。在數個負責人主禮下，劉真華參與了為期數天的畢業禮。由各個僧人灌頂[7]後，她接過法物，還有一張畢業證書，正式成為一名「專業人士」。「在日本的凡人對僧侶頗為敬重，

7／灌頂：成為阿闍黎的儀式，通過灌頂儀式的人象徵得到授權可以修習密法。

因為知道我們刻苦耐勞。而這種刻苦是一種社會地位的顯現，他們尊重我們。」劉真華說道：「我的同學們大多都回去擔任僧侶工作，因為主持是世襲制的，而我那時不知道原來出家後可以留在日本的佛寺接有薪工作，便回到了香港。」經過山上的苦修，劉真華坦言她最大的得著是看破物慾，還有孕育出一顆堅決弘法的心。這就是後來蓮華定院在香港建立別院的原因，不過在這之前，她仍面對了數年的考驗。

學成歸港建院弘法

在現代社會裡放棄職業與資產，隻身前往日本學佛的她如今學成歸來，於都市裡每天修行。「回香港成立別院之前，我過著一般的生活，但是『萬法唯心』，我始終想著怎樣才能穿回法衣。」劉真華在一九九七年回到香港後，她開設過一家佛具店，專賣一些線香等用具，生意也一直不見起色。一些在香港修顯宗的佛教徒會來買東西，看她獨力支撐這家店鋪相當辛苦，便介紹了一位顯宗的僧人給她認識。這位僧人雖然與她教派不同，但依然覺得如果她支撐不下去是相當可惜的事，甚至願意為她負擔租金。

大約到二〇〇四年，偶然接獲顯宗師傅的電話請她去看一個空置的單位，為別院選定了院址。當時收入不穩的劉真華沒錢為單位裝修，師傅慷慨地借出了資金解決她經濟的困難。佛門無分你我，縱然他與劉真華所屬的派別不同，但是他為了弘法願意赴湯蹈火地幫忙。「如今別院有這樣的規模，我首先感謝日本的師傅，然後就是這位顯宗的師傅。我是不會忘本的，一有錢便還給師傅，師傅收到錢後很開心。」

經濟問題解決了以後，在二〇〇五年時她回到高野山請求師傅允許她在香港傳法，並要師傅為她寫一塊牌匾，認證了她作為真言宗傳人一事。牌匾寫著「律師劉真華任香港九龍蓮華定院香港別院住職」，由高野山真言宗管長大僧正資延敏雄簽署。自此，真言宗在香港便有了一個正式的分部，其後，信眾在網絡上接觸到這個訊息後，便四面八方湧至。

善信來自五湖四海，但問題也不出工作家庭，還有不懂怎去應對人生的無常，以弘法為己任的劉真華耐心地用佛法開解檀信。但與過往的考驗不一樣，劉真華指現在弘法最大的問題是：「網絡上實在太多錯誤資訊，比如有些修法的初心者竟然去墳場招魂，相當可怕。如果有人不舒服卻以為自己被附體、磁場不對或闖入甚麼空間等等，在網上亂學一些東西，是相當不健康的。」這些情況正反映香港都市文化的問題。事實上，身處在這個物質豐富和資訊方便的世代，大家貪求速成與獵奇。劉真華無奈地指出，她遇過不少檀信只短短跟她學習一年，因為沒有學習到法門的內容而離開。

劉真華始終自視為高野山傳人，她強調自己傳法嚴謹與堅持傳承，不能輕意向他人傳授如此珍貴的法門。她著重弟子的心和品德，所以一般來說也要花數年時間觀察才作決定。雖然她希望讓更多香港人認識此法，但是對於急於求成的檀信，她感嘆地說：「佛渡有緣人，他們自然就會來。」

上山下山皆在乎心

要經營的不只是寺院的工作，更重要是個人的內心。回到山下這個繁華的香港都市，生活模式顯然與日本高野山上的截然不同，她淡然地說：「在山上和山下的生活都是我的『正常生活』，只不過是生活模式的改變。」

真言宗沒有以禁戒的方式去規範僧侶或信眾的生活，僧侶不但沒有髮禁，僧人也可茹葷，日本僧人的山下生活其實與一般人的分別不大，僧侶很容易抵受不住引誘而被同化。應對物質引誘已成為劉真華每天要應對的課題，靠的就是自己的意志。既是香港人又修日本佛教的劉真華捨棄了長髮、穿著流行衣物和塗指甲油的習慣，選擇以短髮，身穿簡單的服飾示人，這一身打扮明顯與現代社會格格不入，她認為最重要是維持簡樸的心，排除自己的物慾：「要用平常心來處理貪念，就把它當成春夏秋冬，和風花開，當我知道那些東西有跟沒有都一樣時，那就可以了。」

現在，劉真華一天的生活大致如下：五點起床後在六點做早課，由於網絡發達，她的早課在網上與一些「粉絲」一同進行，更有來自澳洲、新加坡、中國的信眾在網上參與唸經。七點她煮早餐、打掃、唸經後，到十二點午餐，繼續唸經抄經到晚上。期間如果有檀信前來就與他們聊天，給予一些建議，直到四點晚課後便打坐，吃過簡單的晚餐後便在地上鋪一塊地毯睡覺。劉真華的一天與在高野山山上的日子相約，也是獨自在別院內生活，十分規律。

如山上般的規律生活並不代表可免除生活上的挑戰，劉真華仍是要為日常瑣碎事而煩惱，這正是挑戰她意志力，也是試煉她那顆簡樸的平常心的時候。例如，因別院的空間限制而未能舉辦大型的禪修聚會，劉真華改用網上舉行，這方式甚至能連結海外的信眾；因她恤短髮和身穿便裝而招來別人的非議與誤解，她早已看開，說：「沒有甚麼好解釋的了，就各自修行吧。」甚至，現在劉真華所主持那所位於土瓜灣大廈的一個單位的別院，正面對市區重建的危機。以寺院為家的她不時也擔心會否受影響，一旦要重建可於哪些地方尋覓住處呢？種種的未知之數為她帶來不安。面對內心的掙扎時，劉真華引用了《金剛經》的說話：「過去心不可得，現在心不可得，未來心不可得」[8]。修行的過程領她到達另一個層次，明白一切隨緣：「有飯食就食飯，有水飲就飲水，諗咁多做咩？我不再想這些俗事，隨緣行事吧。」

8／出自《金剛經》〈一體同觀分第十八〉。

戴上頭巾

華人穆斯林的自述

信奉伊斯蘭教的 Aida 認為自己是個率性的人，在她成長那個年代，大家比較守規矩。社會上的主流價值認為金錢是最重要的事，香港人也按著這價值來成長。儘管從小開始學業成績比較好，不難成為主流社會大眾期待的人，但是 Aida 不接受金錢至上的主流價值，總是想著：應該怎樣過接下來的人生？就算繼續在社會的階梯往上爬，最終能得到甚麼，又是為著甚麼？帶著這問題，Aida 曾接觸過不同宗教，卻沒有歸信。直到有次偶然聽見一名穆斯林（Muslim）說到，其實伊斯蘭教也會談及基督宗教中的瑪麗亞與耶穌，而 Aida 的興趣就被點燃起來了。

在香港的教育裡，其實甚少能接觸到伊斯蘭教，就算是 Aida 回憶求學時期，只知道「伊斯蘭教是世界三大宗教之一」，於是後來她聽見基督宗教的人物與伊斯蘭教連結在一起時，好奇心驅使底下，她就決定往清真寺走一趟。

因了解而信奉

在清真寺裡接過員工所給的基礎資料時，Aida 沒想到自己即將會成為一個伊斯蘭教徒。那時她認同有一個造物主，而人的一生都離不開祂，但伊斯蘭的教義比起基督宗教更能說服她。她便思考要不要開始歸信這個伊斯蘭教，但是，她發現自己對《古蘭經》還是有些不解，這點令她對於歸信與有些遲疑。

於是，一天她帶著這個疑問到清真寺裡問一位工作人員，而那位工作人員如實說道，其實人是沒有可能完全理解《古蘭經》的，有些玄妙之處是人理解不了的，其次是，當人的閱歷變多的時候，對於《古蘭經》會有更深的理解。聽畢後，Aida認為有道理，並就此決定歸信伊斯蘭教，這時，距離她接觸這個宗教才不過三個月。她在教長、主持人和見證人的見證下參與了入教儀式，得到了一張證書。

「伊斯蘭教很清晰相信的是些甚麼，我認為教義是很合理的。」Aida說道，而當成為伊斯蘭教徒後，她就會去清真寺參與討論小組、聽講座、盡可能回去學習。在那裡，她找到了新的精神支柱與人際關係群體。

不過這個決定顯然不會受到家人的贊成，伊斯蘭教在香港本來就是小眾，而且受到媒體的渲染下顯得不堪。她回憶道，父親至死一刻都未完全接受她是一位穆斯林，不過儘管如此，父母也沒有真正阻止她，只給了一個寬容的條件：妳信教可以，但不要影響到家裡的生活。

一 成為穆斯林的日常挑戰

在信奉伊斯蘭教以及投身宗教活動後，Aida 漸漸發現到很難在日常生活裡遵守教規。不吃豬肉可以，齋戒可以，但是一天做五次禮拜（Salah）[1]要唸出聲音來，還在安靜的地方專心致志地禮拜，這對都市生活來說是一件艱難的事。那時Aida正擔任記者，即使自由度比其他工作高了，仍是沒有辦法：「正常來說是一天要做五次，但我可能一星期才做那麼一兩次，到了某段時間裡我的心裡也不舒服，就想換個工作——至少能找到一個可以做禮拜的工作。」

Aida是家中獨女，成績素來不俗，家人對她的期望頗高，希望Aida可以找到一份高薪且穩定的工作。其實記者工作她是滿意的，但實在是沒辦法做禮拜。為了能盡到信徒的義務，她開始去尋找穆斯林開設的公司，但找了一段時間都沒有回音，反而是機緣巧合之下，清真寺裡出現了一個工作空缺，而且Aida過往的工作經驗全都用得上，於是就馬上錄用了她。「以信仰的角度來說，這個就是主的指引和相助。」

伊斯蘭教是一個融入生活中的宗教，不是只講求信奉，更要求身體力行，例如在飲食方面，要遵行清真（Halal）飲食[2]。

1／禮拜：齋戒及禮拜乃是伊斯蘭教的「五功」之一，是每個信徒最基本的五項宗教義務。伊斯蘭教五功中的齋戒，是指伊斯蘭曆九月，每天從黎明到日落，禁止飲食、夫婦行為，同時應當遠離所有罪惡的言行。五功中的禮拜，則是每天在指定的五個時段內以一個伊斯蘭教特有的方式記念真主，分別為晨禮、晌禮、晡禮、昏禮和宵禮。這個特有的方式，是進行一套指定動作（站立、鞠躬、叩頭、跪坐），同時誦讀《古蘭經》和一些讚頌真主的語句，均以阿拉伯語誦唸，同時必須朝麥加天房的方向。

2／清真飲食：伊斯蘭教禁止食用的，包括自死或非誦真主之名而屠宰的牲畜、血液、豬肉、兇猛動物、酒精以及任何有毒或損害身體的東西。所有海鮮或水裡的生物皆可食用。伊斯蘭教教導的屠宰法：以真主之名進行；刀必須鋒利；在牲畜的喉嚨處一刀割斷食管、氣管、血管，讓血全部流掉。如非以這個方法屠宰的牲畜，其肉不可食。

幸好的是，Aida 一家本來就吃海鮮較多，不吃豬肉也不成問題。到了後來，她找到清真肉檔。海鮮以外，便有其他肉可以選擇：「南亞裔聚居的地方，就肯定有清真肉店。」

除此之外，伊斯蘭教每年都有一個齋戒月（Ramadan），每天從黎明到日落期間禁止飲食。Aida 最開始那幾年都虔誠地只吃麵包，後來有次到教會姊妹家裡住時，才發現人家半夜起來做飯，才發現原來齋期也能吃得那麼豐富。「我像很多香港人一樣，習慣了下午茶時間會喝杯奶茶，而且工作能夠提神。雖然已經齋戒那麼多年了，還真的是個挑戰。」

無論是禮拜還是守齋，Aida 認為都不只是純粹的形式，而是從中紀念真主和反省自己的行為。她認為，這可比喻儒家所說的修身——「修養自己的品德」——培養品德：「伊斯蘭教教導我們要把事情做好，要有責任感，所有事情都要做得盡善盡美。」

面對港人的核板印象

Aida 跟隨伊斯蘭教的規範並非一開始就跟足的，她有觀察到幾個狀況：「有些人一入教就馬上甚麼都做好，比如戴頭巾等等，但這是絕無僅有的，大多都像我這樣，需要一些時間慢慢適應。」但她觀察到，有些人會因沒跟足而有罪疚感，但她卻是很安然地沒有責備自己，也沒有催促自己去做，只是慢慢有感覺到了，那就會去改變。她由一位會穿高跟鞋、上班化妝的典型香港上班一族，漸漸開始改穿長袖衣褲，然後開始不化妝，不戴飾物，最後一步才是戴頭巾[3]。

頭巾是非常明顯的裝扮，Aida 形容在香港是異類的做法，尤其是當她戴頭巾時香港仍未開始出現印尼女傭潮。她戴頭巾也與信教或換工作一樣，全是因緣際會：「有一天我要接受記者採訪，而前一晚我正在參與穆斯林聚會，由於實在聊得太晚了，我就住在別人家裡方便隔天去上班。而那一晚我們的討論小組正好就是在討論頭巾的問題，一切都是真主的安排，隔天我一早起床就問姊妹拿了條頭巾，從此就開始戴起來。」

自從印傭來港多了後，路上開始能看見更多戴頭巾的女性，而 Aida 也不只一次被誤認為印傭。當她戴頭巾出門時，就會有人問為甚麼她的廣東話那麼好，又問她為甚麼不是印尼人又戴頭巾。她有時與母親出門，母親就會主動地跟別人說她是她女兒，以防別人誤會，但更多情況是大家會自動認為 Aida 是母親的女傭。「華人穆斯林在香港是最不被認識的。」她說：「但我在清真寺工作時發現其實很多人都有興趣，比起我剛入教時，環境已經好很多了。」

3／頭巾：阿拉伯文為 hijab，是對女性穆斯林的服飾要求。女性需佩戴頭巾遮蓋頭髮、耳朵及頸項等部分。

一　離多元社會的距離

現在香港中文大學開設了伊斯蘭教課程，有印傭潮後香港人也逐漸發現到這個宗教的存在。但是 Aida 亦指出，華人穆斯林在香港是最不被認識的，但他們也是香港穆斯林三大群體之一。所謂三大群體，便是華人、南亞裔與印尼人，華人有些是從不同時期遷來香港的回族；南亞裔包括許多國家，分別有巴基斯坦、印度、孟加拉、斯里蘭卡，他們當中有些人是在香港土生土長的移民後代，已經不知道是第幾代了；最後便是近年來香港當外勞的印尼女傭。

在當穆斯林前，Aida 自認是一個典型的香港人，對於南亞裔的態度持河水不犯井水的態度，但在信教後就開始有了認識：「在清真寺裡我們會碰到不同族裔的穆斯林，有些可能本土化了，他們從小就在香港學校讀書和說廣東話，又有些是說英文的，更有連英文都不會說的。但我們大家都相信同一個宗教的，正因為伊斯蘭教是生活化的，所以生活上的事情我們都能順利溝通。」比如曾有印傭來訴說生活困難，Aida 就會找方法去幫她。

但他們始終都是社會中的少數，而且香港人受到媒體影響，Aida 始終認為自己的宗教常受到誤解，不論是被認為印傭，又或是恐怖主義的刻板印象等等，她認為在香港這個自由的地方實踐宗教自由，還是有難度。她不無沉重地說：「有時我們作為穆斯林，覺得社會人士是需要對我們要有多一點的理解，比如說是僱主，也可以容許我們去做禮拜等等。」在香港這個經濟掛帥的社會，離座十五分鐘去禮拜可能已被視為偷懶；又或戴頭巾，曾有教會姊妹說因此無法應徵服務業。「我們常說，香港是個多元文化共融的社會，」Aida 在最後這樣說道：「是不是能有多些理解，以致真正尊重這個信仰，讓我們有空間在生活上實踐？」

遠離繁都

天主教修士的奉獻生活

William可以說是生於基督教世家，他的祖父母是基督徒，父母親在同一家教會認識、結婚，還有不同親戚也在那裡。從小開始，他就常去主流的中華基督教會。而到了中學時，大部分同學都信奉基督新教的，所以可想而知，當William決定改信天主教時，對親友做成了多大的轟動。

事緣在中五時，William的學業成績不好導致不能升讀原校，於是轉了到一家聖公會中學，那時已像是踏入了另外一個世界。到了中七時，他的成績還是沒有改善，更只好去外國升學。人在異鄉，他發現教會就像異世界，不像香港會有年輕人參加，全部都是老人，在那裡沒有團契，也沒有事做，更不是他一直習慣的家庭聚會，團契完還可以去飲茶。如今，他不禁問自己去教會的目標是甚麼。

「以前我還會認為去教會只做崇拜是比較低等的，因為沒有侍奉。但到了外國後，發現沒有個人發展的機會也算了，我不禁問自己究竟在信甚麼東西。」William 說到當他升到大學一年級時，去做崇拜的只有四個人，他自覺有責任感，也還是去了。

就在當年的復活節周日，在校園裡的教堂沒開門，而他想去崇拜也沒地方去，剛好在旁邊的天主教教堂有開門，猜想裡頭在說著拉丁文與拜聖母。「我想到母親說基督徒要合一，那便進去合一一下吧，結果一進去就大開眼界。」William 說教堂裡頭人山人海，有一種喜悅的生命力在那個空間裡，從那時開始，他一個月去一次天主教聚會，漸漸改成每周都去。那是一種無形的吸引，每逢周六夜晚想到隔天能去天主教聚會，人在異鄉的 William 都感到相當興奮。

這些都已經是八〇年代的事了，如今他在香港的小兄弟會（即方濟會）裡擔任修士，還曾當過院長。現在，他的名字是 Brother William，在共居的修會裡，也不免感到如同當年般的孤獨失措，只是他說：「人到了最後就會去找尋天主，這就是生命的意義。」

了解聖方濟的精神

Brother William 第一次接觸聖方濟（San Francesco di

Assisi）的思想[1]是從一部七〇年代的電影《日為吾兄，月為吾妹》（Brother Sun, Sister Moon）開始的，在電影裡，他學到了聖方濟各的生活與追求，以及一切萬物共融的思想。到了後來，他讀了一本關於聖方濟的書，也接觸到方濟會的兄弟們後，更再次體會到萬物共融思想的吸引力。從此他就萌生了從基督教轉向天主教的想法，並趁在外國讀書時漸漸付諸實行。

「對我來說，獨修是容易的，但到了最後人要去面對跟自己同居的人，這就是問題。」Brother William 所說的是人日常

1／聖方濟的共融思想是指人類與萬物（包括動物、植物、整個宇宙生態等）都是平等的受造之物。在此前提下，人類與人類，以及人類與萬物之間應彼此尊重，而不是互相征服或傷害。

會碰上的人際關係問題：「這是人生難關。」他說道，天主教大部分的奉獻生活都是團體進行的，因為社會的最小單位並不是一個人，通常都是家庭，而天主教就希望以家庭的方式來進行。Brother William 在外國唸書時，就考慮加入修會，與不同修士建立更親密的修行關係。於是他就跑去修會外拍門，想問當地人關於修會的資訊。

只是，天主教的神父卻感到疑惑，因為首先只有天主教徒能加入修會，其次是修會的奉獻生活是教會事務，不加入內部就無法進行。那時有修士知道 William 有心加入修會，就勸他快點改信天主教徒，因為即便信了教，也得等兩年才可以加入修會。「當時我就在想之後要做些甚麼，因為修會是會一起居住，一起祈禱，而且還有聖人在裡面。」

後來畢業後，Brother William 回到香港安頓下來，加入了本地的方濟會，開始了共居的生活。「這麼多年的生活下來，我更加體驗到兄弟情誼。」他說到共居的生活模式：早上六點半進行晨禱，然後吃早晨，其後按本分工作到中午進行日間祈禱，再工作到下午五點半祈禱一次，如果人在外面工作的話就自己祈禱，最後是晚上再祈禱一次。

「我們有責任去祈禱，以神學來說，個人在外面工作也算是群體的一部分，而且我們祈禱是為全世界人祈的，所以依然有團體意義。」Brother William 解釋祈禱的意義，而且祈禱的時間也有特別調適過，原本誦讀日課[2]是要在深夜做的，但是梵蒂岡大會改革了並交由修會自行決定，這樣能更適應現代人早睡早起的工作生活。不過其他祈禱時間就有規定時間，比如早午晚夜共四次祈禱就限定了時間。

加入修士的生活

修會的會院外形就像一個宿舍，其中每位修士都有一間單人房，Brother William 指現在全球有一萬二千名方濟會修士，而每個會院都有不同的生活模式。比方說共享浴室或是私人衛浴、廁所及廚房數量等等，每一家都不一樣。Brother William 的這個會院有八個人，他說這在香港已經算是大了，有些只有五個人，而在台灣有些能到十多人。「方濟會連台灣一共有六個會院，我們會稱為一個會省，全世界加起來有百多個會省。」他說。

共修的大框架是每天的祈禱，以及周日一定要去彌撒，在大框架下就有一定的自由度，比如念經時間就看個人。Brother William 的團體裡有三個神父，他們會負責彌撒，而另外五個修士就會在教堂裡負責小組服務等等，實行小團體的分工合作。在教會生活外，他們又會在其他地方工作，比如 Brother William 就在入會以來當過五年的全職老師，目前是兩家學校的校監，會回學校處理行政事務。

「工作是按個人興趣再結合教會需要的，現在我當了校監

2／日課是修士或神職人員在特定時間進行祈禱。因應時代的變遷，在梵蒂岡第二屆大公會議後，由誦讀日課（Officium Lectionis）取代了在夜半進行的凌晨禱（Matins）。

不用每天進學校了，但我會找些方法與小朋友們做些藝術相關的活動。」Brother William 說：「我們這裡有一位是聖經博士，修會就會叫他去開一些聖經課程，另外又有人不懂得中文，就讓他去服務外藉傭工。」

在工作以外，修會的娛樂時間會列在時間表上，叫作散心，每星期會做甚麼就交由團體自行決定。Brother William 說，這不外乎是下棋、聊天、喝酒等等。天主教不禁喝酒，因為耶穌晚餐會喝酒，而希伯來人晚餐也有葡萄酒，所以彌撒聖餐都會有葡萄酒。「至於抽煙是文化，在修會裡有人抽煙並不令人意外，不過有修會是辦學的，需要為年輕人做榜樣，所以會規就是不能在年輕人面前抽。我們為了健康，可以在室外抽，但就室內禁煙。」

為了紀念耶穌的苦難，修會逢星期五需要守小齋，就是不吃紅肉及溫血動物，但是他們也不會吃海鮮與蒸魚，因為守齋的目標是刻苦。香港的天主教會赦免一般教友是不用守小齋的，但他們畢竟是修士，需要更高的要求。「要做到克己可能就要早點起床，多多祈禱，而這就是天主教的人性部分。」意思是，教規是死的，而人是可以靈活變通的。

一 修士在港的挑戰

根據香港天主教區統計，現時香港約有四十萬天主教徒，而香港在一八四一年脫離澳門教區後，成立了香港監牧區，其後羅馬天主教會在一九四六年把香港定為教區。不過早在香港成為教區前，各個修會已在香港展開傳教工作，最早的就包括一八四二年到港的方濟會，其後就有道明、喇沙、耶穌、慈幼等等，如今已超過四十個修會。在此其中，Brother William 就曾擔任過方濟會會院的院長。

「院長是為了服務，而且由於防止濫權，我們會找另一位負責財政。我們每個月會開一次會，決定財政。」Brother William 說：「我們就像一個家庭，所以財政的部分會上繳全部。這反映在我們衣服上的三個繩結上，象徵奉獻生活，沒有私有財產、獨身及服從。而院長就會在每個月的會議分發零用錢給大家使用。」除了財政外，院長又會負責更多的事務，比如 Brother William 懂得開車，就會負責去買菜，以及佈置聖堂等等。

而修會不只是本地事務，還會連結世界，比如香港與台灣一共六個修院所組成的會省，剩下的金錢就會上繳若干的百份比給總會，「因為我們已經有八百年歷史，所以制度和關係都與世界連結。」不過，由於香港已經傳教多年的原故，所以積蓄下來還是足夠上繳，也不太會被近年越來越貴的物價及通漲所影響。

經濟與娛樂的問題都解決了後，Brother William 還是提及了共修生活中最大的難關，那就是孤獨感。「試過去一些外地傳教時，他們不理解甚麼是修士；又有些修士去了不能公開自己身分的地方傳教，卻有女士想追求他，他不能直接說出拒絕的原因。」Brother William 形容，這就是孤獨感，就算有團體生活，卻沒有一個伴侶，是共修生活最大的挑戰。

「不過就算是結婚，人也是孤獨的，比如說人有生離死別。」Brother William 說：「所以人到了最後就會去找尋上帝，這就是生命的意義。我們是放棄了與一個他人的關係，反而是與更多人連結。」修會裡有導師制度，院長應該照顧其他人，而每個人也需要懂得自我照顧，定期找神父告解，Brother William 認為這就能訓練一個人越來越成熟。

承傳修士的責任

雖然是這樣，由於修會的生活還是比較嚴格，Brother William說，自一九九二年他自己入會後，其後足足有十三年都沒有人入會成功。而且由於事情繁多，就比較容易和出亂子，他分享曾有一個外國朋友在第十年時離開了修會。「我們都會反省，因為要讓其他人在信仰中多走一步，是需要培育的。」

說到離開修會時，Brother William舉出其他宗教作為對比：「佛教覺得緣盡就會還俗，但是我們的神學觀不一樣，因為這不是一種成就，而是一個盟約，就像天主愛人是永不撤回的。而人不是說一定要做到永不撤回，就像離婚，但是我們會朝著這個方向前進。所以成為修士是沒有離開的可能性的。不過如果犯了事，或是失去信仰也是可以離開的，因為留在這裡也沒有意思。所以，還俗的意思就是由教宗合法地寬免，讓離開的修士不需要守願。」

談及要怎樣才有資格成為修士，Brother William 認為並不是要成熟才能擔任，反而是進入修會後才越來越成熟，磨練心靈與外在的方面，時時刻刻都靈修來讓自己成為更好的人。「這些都是人性，要做慈善事業，也要練習待人接物。而每個人都要帶領人以及被帶領，以免獨修時很容易自欺。」

在最後，Brother William 提及在香港當一名修士，始終不是一件容易的事。「而且香港人是一個事實，這不能改變，就算去了傳教移民，仍然是一個香港人。這是信仰的一個部分，而修道是整個人的整合，所以我們都會問自己要怎樣令方濟會士這個身分更有意思，不能因為社會有問題，就令自己有問題。

也不可以因為社會安逸，而放棄修士的身分。」比如在一九年時，方濟會就有擺街站派水，Brother William 認為這並不代表政治立場，只是願意表達關心社會。

「想起三十年前在英國拍門找兄弟會，仍然覺得很好笑。」Brother William 說道，究竟自己給予別人一個怎樣的印象？是過分熱情還是冷漠？只是能夠確定的是，在門後的那位修士，必定沒想過這個遠渡而來的寂寞年輕人，一路下來，竟然也決定在修會裡渡過餘生的光陰，事奉天主與社會。

包頭阿Sir

錫克教徒的香港故事

剛剛碩士畢業並擔任英文老師的 Balwinder 是在香港土生土長的錫克教徒，因為父母的宗教原因，所以他一出生就已經入教。雖然如此，由於宗教和城市生活的差異實在甚大，他在小學、中學階段仍然未受洗，也沒有像一般人對於錫克教徒的理解那樣，隨身攜帶匕首（kirpan）出門。[1]「我以前不會包頭，也不會去錫克廟。」Balwinder 這樣形容他的背景：「我到了考中學文憑試後才真的決定信教，成為一個錫克教徒。」

Balwinder 來自一個不太嚴謹的錫克教徒家庭，加上由於全家都身處香港，所以受宗教的影響並不深厚。他的父親三十多年前來到香港，現在擔任保安員，由於工作緣故不能以頭巾包頭，而且有時壓力大得要借酒消愁，雖說如此，他仍然每天祈禱。而 Balwinder 家中還有三個姊姊，不過全家也沒有受洗。

反而是他，在考了中學文憑試後反而對錫克教產生興趣，成了全家最虔誠的人。

入廟隨俗

Balwinder 口中所指的錫克教廟是位於灣仔司徒拔道和皇后大道東交界，每逢週末，Balwinder 與其他錫克教徒也會

1／受洗後的錫克教徒要終身遵守「5 K」：留長頭髮（Kesh）；戴髮梳（Kanga）；穿短褲、長衫過膝（Kachhera）；佩短劍（kirpan）；戴鐵手鈪（kara）。

到那裡敬拜，而錫克廟的特殊之處就是在錫克教廟大殿的中前方供奉了錫克教聖典《格蘭斯沙希伯古魯》（Guru Granth Sahib）。[2] 祈禱時一定要在聖典前面鞠躬，以示對聖典的尊重。這份聖典也顯出了香港與印度的地域上的差異，在教義當中，錫克教的聖典一定要放在建築物的最頂層，但在香港這點非常難以執行，於是教徒通常在家裡只會有一本袖珍版的聖典。若要去拜聖典，就會前往錫克廟。

錫克廟內是沒有任何神像，Balwinder 指出：「我們是不會拜人的，只會拜聖典，因為如果人要與神聖相遇，就要透過讀聖典的禱文，所以一定要在聖典前面鞠躬。」在家中那本袖珍版的聖典主要是三份禱文，每次祈禱讀禱文都需要二十多分鐘：「讀得熟也能快一點，但是我們錫克教徒都說不要讀得太快，因為只有讀得慢才能感受得到。」

至於較為正式的錫克廟，就會有標準的敬拜程序：進入錫克教廟男、女都須要戴頭巾，而且要衣著端莊。在進入前要在廟外脫下鞋襪，赤腳。洗手、洗腳之後就可以進入祈禱室。唸頌完禱文、完成祈禱儀式之後就去領一種叫「聖糖」Karah Prashad 的甜品，需要即時食用。「聖糖」是用麵粉、蘇油、

2／古魯：錫克教的宗教傳統是由十位古魯（Guru，梵語中「上師」之意）於一四六九年至一七〇八年創建。而最後一位以人的形象呈現於世的古魯是戈賓德·辛格上師（Guru Gobind Singh），在死前留下遺言，宣佈錫克教經書《格蘭斯沙希伯古魯》為最後一任並且是永恆的古魯。

糖煮成，製作時會背誦經文。於祈禱室內還有人會唱頌聖典的內容，亦有一個奉獻箱，可以自由奉獻。

錫克教廟最獨特的地方在於，廟內設置飯堂，並提供免費午餐。Balwinder 有時會完成敬拜後便到飯堂吃午餐，飲奶茶，與朋友閒聊休息。飯堂除了是優閒的地方，對 Balwinder 來說也有另一個意義：「在等放榜的兩個月去廟做義工，即係去個 kitchen，咁我哋就可以幫手洗碗，之後或者派啲食物咁樣，咁嗰時就做呢啲義工囉。」

「小時候我們大概一個月會去一次灣仔的錫克廟，但其實不太理解。」Balwinder 說：「但到考了文憑試後，我覺得自己考得不太好，那時我聽我爸說如果去了錫克廟祈禱，有機會有神蹟發生。於是我想既然我都在等放榜，倒不如就去錫克廟當義工。」義工一當就當了兩個月，到了放榜時，文憑試居然全科合格。從此，Balwinder 開始感受到宗教的神妙之處，決定多做研究理解它，更從那時起留長頭髮包頭及不再吃肉。

頭巾下的日常

儘管城市生活與宗教生活多有衝突，作為一個虔誠信徒的 Balwinder，他希望在兩者間取得平衡。自文憑試放榜決定信教後，Balwinder 認真地對待信仰，並且開始留長頭髮。至今已經過了差不多十年，現在 Balwinder 習慣了包頭的日常，雖然實在有些麻煩：「我的頭髮比較重，而且洗完頭後吹頭要花很長時間，所以我會早點回家洗完頭就用電腦，幾個小時讓它自然乾。」自開始包頭起，不少身邊的朋友也會詢問他包頭的原因，Balwinder 也很樂意跟他們解釋箇中原因，慶幸他的朋友雖然對錫克教的認識不深，但是也開放地接納不同的信仰習俗。

除此之外，飲食對 Balwinder 來說也是一大挑戰。出於對生命的尊重，錫克教徒都會茹素，可是在香港難以吃到全素，比如說在茶餐廳肉跟菜大多是同一個鍋子炒的，又像是麵包，裡面總會有雞蛋。有時他到一些素菜餐廳，怎料餐廳不是全素／純素，而是「蛋素」[3]，錫克教不接受蛋素。「那可以怎麼辦，只能說今次是最後一次來這裡吧。蛋很難避免，但我從二〇一二年至今，倒真的沒有吃過肉。」在香港，極少專門設給錫克教徒的餐廳（例如旁遮普菜），如果真的要找安心的素食餐廳，Balwinder 通常都會選擇比較接近的印度素食餐廳。

在日常生活中，Balwinder 會每天祈禱三次，日出、日落、睡覺以前。Balwinder 分享在香港急促的節奏下，他很難來得及每天三次也準時祈禱，於是他便會在地鐵或其他地方閉眼祈禱。錫克教徒須以旁遮普語（Punjabi）祈禱。[4] 不過由於一直

3／素食可以細分做不同的類型，而「蛋素」則是可以食用蛋的素食分類。

4／旁遮普語是錫克教的神聖語言，錫克教的聖典《格蘭斯沙希伯古魯》都是以旁遮普語寫成的。旁遮普語主要流通於印度的旁遮普邦及巴基斯坦的旁遮普省。

在香港長大，從小又還沒開始相信錫克教，他其實沒系統地學過旁遮普語，結果現在他所背誦的禱文都是靠聆聽而來，「如果你讓我去看禱文，其實我看不懂。」Balwinder 慨歎，到了這個年紀學習語言已經有點太遲，「有時我也覺得我在祈禱時發音不是很標準，畢竟我是聽回來的。」而錫克廟裡的人也意識到這個問題，也開始設立課程教授年輕人旁遮普語。

一 信仰的實踐與挑戰

雖說 Balwinder 是名虔誠的信徒，但弔詭的是，由於他對於宗教的尊重與理解，反倒使他選擇不去洗禮。而這很大程度上取決於他的家庭：「首先因為我爸喝酒，這會有些衝突。如果一個人洗了禮，他就不會喜歡別人喝酒，所以跟家人的關係變差。」Balwinder 的思考邏輯顯然把宗教教條放得先於人際關係：「所以如果要洗禮，就一定是整個家庭一起洗禮會比較好，所以我覺得還是先不要洗禮。但是錫克教裡的 5 K 我也做了四個，就只差帶匕首，而我的父母也很開心，因為我在做好的事情。」

現在，Balwinder 反過來以他的虔誠影響了家人，現在他們家不再煮肉，父親雖然還有喝酒問題，但有些錫克教的節日他能戒酒數天。在家裡，他們現在每天都會祈禱，並且確信首先要做一個謙遜的人，要對別人好。

除了不強加價值觀在家人身上，Balwinder 對於朋友也持著容納態度。「我們不會強迫別人來相信我們宗教，因為聖典教我們要尊重每一個宗教。」他分享過往曾有一個印度教的朋友迷惘地找他傾訴，說他覺得世上其實是沒有神的，但小時被父母影響就相信了印度教。而 Balwinder 就教導他要緊跟信仰，而不是趁機向他傳教。除了印度教朋友外，他還認識伊斯蘭教、佛教、基督宗教的朋友，甚至無分國際。

但是寬厚的包容並非沒有底線，Balwinder 也有不能觸碰的禁區。在大學畢業時，他曾與一些少數族裔的朋友去租畢業袍拍照留念，而他的朋友正好不懂中文。在租畢業袍時，被一名女店員吆喝趕走，Balwinder 得知後，決定翌日陪朋友前往店裡問清楚。「我到了店裡就馬上問她為甚麼罵我朋友，我說，如果妳不尊重人，其實沒有人會尊重妳。」少數族裔在香港的處境並不算好，Balwinder 也說在路上常常有人側目看他，甚至在交通工具時刻意離得遠些。

「我有觀察過是年輕人比較不會歧視，因為現在是比較開放了。但是老一輩還是會這樣。」Balwinder 說：「我是沒有被直接叫過『阿叉／差』[5]，但他們會很不尊重地跟我說話。碰到這樣的情況時，我就會在說話時更強勢一點。因為我們的宗教教導我們，不要保持沉默，如果人們對我們不好，那保持沉默也是沒有用的。」

5／阿叉／差：香港人對南亞裔人的稱呼，帶有不敬、歧視的意思。

亂世中學會自救與施救

「我們的宗教在五百年前剛開始的時候，剛好是印度的戰亂時期，於是錫克教就強調要保護身邊的人。我的老師說，無論是錫克教、伊斯蘭教、印度教也好，我們全部也會保護。」Balwinder 說錫克教有一種防身武術，不論男女老幼都可以學習，與匕首一樣也是用於自保。在宗教歷史中，上前線戰鬥的也不限男性，女性也可以手執匕首上戰場。「在香港我們不會用匕首，因為這是很安全的地方。不過其他人看起來就會覺得恐怖，但我們其實沒有攻擊性。但是，如果我們看見別人受傷害，就一定會上前幫忙，因為這就是我的宗教、我練習的武術所教會我要實踐的。」

守護自己與協助他人這兩條錫克教的教條，最能顯示出來的地方就是錫克教的建築物。在錫克廟上會插有一枝橙色的旗幟稱為 Nishan Sahib，是一面三角形的旗，旗上印有象徵錫克教的符號 Khanda（☬）。[6]「有很多人問為甚麼有這塊旗幟，它首先是一個屬於錫克教的象徵，而它懸掛在高處就代表讓人知道這裡有食物與住宿處。當貧苦人家從遠方看見我們的橙色旗幟，就知道這裡我能找到躲避處，亦有人能伸出援手。」只要有需要的人士來到錫克廟內，便能免費享用由志願者烹製和提供的素食，所有宗教信仰的人都可以坐在一起共享一頓飯，

6／Khanda ☬：這個符號由三個部分組成：中間的雙刃劍（khanda）、一個環刃（chakram）、兩旁有兩把單刃匕首（kirpan）。

而不受任何男女、種族、宗教、飲食習慣等限制。Balwinder更指出其他國家的錫克教廟（例如美加）更會提供住宿給有需要的人。

土生土長的異鄉人

如今，平衡在香港的生活與錫克教的教導成了Balwinder日常的功課，香港的環境會導致他無法完全遵守宗教生活，而宗教生活也讓他無法徹底地融入香港，但是在香港長大的Balwinder並沒有摒棄香港人的身分：「我自己都好鍾意香港的文化，所以我會取之平衡，我會吃本地的小食。而且我現在的香港朋友比印度朋友還多，錫克教教導我們每個人都是一樣的，要平等共處。」Balwinder 說，即使他回家會祈禱，過教徒生活，但一出門就會像香港人那樣生活。這是兩種身分認同，他決定兩種都要保留。「我覺得香港生活與錫克教教徒身分是可以融為一體的，沒甚麼問題。唯一的問題是看見朋友們受到歧視和差別待遇時，就還是會憤怒。但最高興的是年輕一輩開始學習尊重少數族裔，至少我看得見有改變正在發生。」

在香港土生土長的 Balwinder，對香港有濃厚的感情：「我們始終認為，無論發生了甚麼，每個人都應該快樂地生活……我一直都當香港人是我的兄弟姊妹，如果有需要幫忙的話，我們錫克教徒必然會伸出援手。雖然我們人單力薄，只有一萬五千人左右，但當香港需要幫忙時，我們必然會出一分力。」

爲其正名

耶穌基督後期聖徒
教徒的信仰生活

David 人生中接觸的第一個宗教就是耶穌基督後期聖徒教會，那年他才九歲，由姑媽帶他入教。由於在十八世紀開始，耶穌基督後期聖徒教會的創始人史密斯（Joseph Smith）按《摩爾門經》[1]裡的訊息來傳教，長久以來，該教又被稱為摩門教。不過在二〇一八年時，時任總會會長尼爾森（Russell Nelson）發表聲明說希望大家以全名來稱呼他們，不要使用「摩門教」這一別稱。

從小就信教的 David 他這樣歸納了理想的信徒生活：重視家庭、鼓勵成家立室、對神有見證、定期到教會，以及遵守神的誡命與指導。而在日常生活裡，基督教後期聖徒教會沒有強制日常儀式，大多也是每天研讀經文，早上、飯前、睡前祈禱。除了個人的操練，傳教以及強調家族關係是耶穌基督後期聖徒教會的兩大主軸，而 David 便是這樣分享在香港當一個教徒的注意事項。

在生活尋找見證

若論及傳道，大眾少不免也會想起在日常中，經常看見穿著白色恤衫、戴著名牌、騎腳踏車傳教的外國人，很快就能辨

1／《摩爾門經》：耶穌基督後期聖徒教會信徒主要研讀四部聖典：——《聖經》、《摩爾門經》、《無價珍珠》和《教義和聖約》。

識到他們是耶穌基督後期聖徒教會的教徒。但原來這是教派的要求之一：「我們會建議男性到外出派兩年，但這只是建議，不是必要事項。」David 說：「但如果我們傳過道，在教派上的地位會較高。」David 因各種原因並未有參與傳教，而他的三位同為耶穌基督後期聖徒教會教徒的表哥，全都去過傳教。

去傳教的教徒需要有良好品行和行為積極，最重要是對神有見證，此外，去外地傳教前會有三個月的訓練，主要訓練目的地語言能力、信仰知識和傳道技巧等等。以兩年的時間放下手頭上的工作，到其他國家傳教，與當地人接觸，相信這經歷對傳教士來說是很難忘的。David 分享有其中一位表哥在出發前曾經有一段時間很少到教會，但外出傳道後，卻比以前更積極更多見證。

雖然 David 並沒有到外地傳教，但是他在教會中積極分享見證。每逢禮拜天的教會聚會設有分享見證的時間，而 David 便向教友分享過神蹟的奇妙之處。有一次他在上教會前一晚去爬山，一路要走上三、四十公里，難度本身已經非常困難，他走到一半還鞋底鬆脫。他原想穿著襪子就走完全程，但走到一半居然碰上了同一家教會的教友，還獲贈一雙後備襪子和鞋帶讓他綁緊。在主日學裡，David 跟教友們分享了這段奇妙的偶然。

另外，他又分享過一次到俄羅斯背包旅行時的奇遇，當時他在聖彼德堡想要買火車票到芬蘭去，怎料遇上小偷，一下子趁他不備就從他褲袋裡搶走錢包。那時他的身分證、現金、信用卡等等全被偷走，但在慌張之餘，David 還是祈禱求神指引。

其後，他聯絡了中國與英國領事館，而英領便叫他到領事館等待救援，還為他準備了翻譯人員。萬幸的是警察很快就找回錢包，除了現金外裡頭所有證件都完好無缺，「真的非常感恩，回到香港後就馬上就在見證裡分享。」

基督教後期聖徒教會非常強調見證，主教希望每人都說說不同範疇的事情，能夠教學相長。比如分享對神的信心、悔改等，還會提供經文讓人先參考再思考怎麼說。而每個月的第一個星期，是教會的禁食見證分享，在聖餐到散會前都可以自由上台分享。

一 著重家庭觀念

由於宗教在美國創始的特定背景，耶穌基督後期聖徒教會比較強調家庭價值，甚至在大眾之間流傳著「摩門教鼓勵一夫多妻」的概念。但其實是因為當時教徒從美國東岸遷移到西岸的背景中，由於當地人持不友好態度，教會裡男性比例較低。為了照顧女性信徒及鞏固宗教，David 形容這是一種折衷的做法。「但我們最終得出的指引也是不可以一夫多妻，因為這是神的指引。後來因為美國國會的否決以及神的指引，我們還是會跟隨一夫一妻制。」

在耶穌基督後期聖徒教會裡，強調家庭觀念，當中也有著特別的婚姻觀念，他們強調在共同信仰之下，家庭可以是永恆家庭，就算在來生都可以永恆在一起。教會建議要找同是信徒的人作伴侶，但這也不是強制的。「如果雙方都是教友，就可以在聖殿[2]作永恆印證。但如果對方不是教徒，就只能到教堂作主教見證。」David 講述基督教後期聖徒教會的婚禮儀式：「教堂是處理世俗儀式的，所以大部分人都能去，但是聖殿則比較靈性，只有夫妻本人或有聖殿推薦書的人才可以去，而且不能拍攝不能公開。」

目前沒有伴侶的 David 在教堂裡參與的小組是「單身男性」組，這種分組類別視乎於教會本身的編制。住在將軍澳的他所屬的是東九龍支聯會將軍澳支會，支會是教會最小的組織，而每個地方只要達到一定人數就能成立，人數多時還可以分成兩個。每個支會都有一個主教，外加兩位諮理[3]，再根據該人員組成決定有甚麼組織。比如分為婦女會、兒童會、男女青年等等，至於成年人則分單身成人及已婚成人各一組。

教會的架構就是由不同的小組組成。「有些因為出生率低造成年齡斷層，沒了男女青年組，但兒童和成年組通常都會設立。至於當數個支會聯合起來的就會稱為支聯會，就像東九龍、西九龍、港島等等。」David 分享說道，由於疫情關係，原本每周日三小時的教會時程縮減至兩小時，減去一小時的聚餐時

2／聖殿：耶穌基督後期聖徒教會的聖殿位於九龍塘歌和老街。

3／諮理：為主教提供協助，並按主教的指派執行職務。

間，只剩一小時主日學及一小時由不同組別作分享：「大部分的支會都是早上舉行，只有少數選擇下午。」

積極投身教會事務

David 的主教是土生土長的香港人，因為原來教會通常以本地人為主，外國人通常都是傳教士。「通常主教都是帶職，比如我的主教是商人，但他會關心我的學業工作等等，如果需要幫助時他也會伸出援手，」教會對 David 來說就像一家人一樣，不論是傳道人或其他教友，大家也會互相幫助、互相支持。「譬如我在教會中有一個做會計師朋友，他見我得 freelance 做，就建議我去他那邊到工作。」

教會就如David的第二個家，保護著他，和他一起成長。但是，David在生活中面對的挑戰也不少，這些挑戰主要是一些靈性層面的。「困難比較多個人層面，是在靈性生活上要思考如何克服世俗誘惑。」耶穌基督後期聖徒教會對信徒的道德規範很高，一般的道德標準David不難遵守，只要踏實地過生活便可。可是，其中一樣在日常生活較難實踐的是「智慧語」[4]。

4／智慧語（Word of Wisdom）：一套有關管理個人健康的律法，當中包括禁用菸、酒、茶、咖啡等。耶穌基督後期聖徒教會的信徒會在生活中實踐，好讓信徒可以照顧自己的身、心、靈。

「煙、酒、茶、咖啡都會戒，」David說道：「教會對這方面的要求比較緊，要求無酒精、無咖啡因。」David到茶餐廳時一般也不會點咖啡、奶茶，甚至檸檬茶也不行。日常生活可以自行調節，但是面對朋友圈，就未免帶來壓力。當David與朋友到酒吧或西餐廳消遣時，經常被問到會否一起飲酒，David會坦白地說：「我唔飲酒㗎，我飲mocktail。」當然，總會遇上一些挑戰他底線的朋友，每當遇上這些情況，David會平心靜氣地解釋因由，大多數的朋友得悉後也會尊重他的選擇。

然而，David並沒有因這些規範而感厭惡，反之，他慶幸有信仰的協助。「信仰對我的影響是能確保自己做的事情是正確，對人要好，自己也會有一個較高嘅道德標準，確保自己不要行差踏錯。」面對社會的變遷，David 形容教會通常避免牽涉太多俗世紛擾，避免刻意強調立場，因為這樣會容易引起關注。但是，David 說：「有些宗派是比較本地化的，尤其在社會運動後，有些教會在地區事務上變得活躍。雖然有吸引力，但我依然更相信自己的信仰。」

對於社會事務，David 說有其他教友參與兒童服務、社區服務等等的活動。「我最多是比較擔心貧苦的人，因為聖經裡都有說。」由是，作為一個土生土長的香港人，David 強調的是這兩個身分上的最大公約數，那就是神——「無論如何，神都會保祐我，祂是我心靈上的依靠。」

擁抱大同世界

揭開巴哈伊的神秘面紗

Virginia 能接觸到巴哈伊教[1]，純粹也只是機緣巧合，在一開始時更從未想過日後居然投身與宗教相關的服務。在最初的最初，她只是在澳門工作時替朋友接一個翻譯工作，而內容就是巴哈伊教的相關資料，在翻查資料時受到吸引，結果後來就一路鑽研下去了。

巴哈伊教又名大同教[2]，Virginia 信教數年後毅然辭去工作，專心全職為信仰服務，包括為基層兒童和新移民開設課程，既傳授教義，又輔導小朋友的英語和功課。「我們比較強調教育服務，所以在香港需要讓家長理解到這種教育對小朋友的幫助，」Virginia 說：「巴哈伊教能培養小朋友求知的精神。」除了香港學童外，Virginia 亦希望能幫助新移民融入香港，達致大同的概念。

1／巴哈伊教（Bahá'í）：當代世界宗教中最年輕的宗教，於十九世紀中葉的波斯（即現時伊朗一帶）興起，由成立到現在只有一百多年歷史。巴哈伊信仰大概可用十二字概括：「上帝唯一，宗教同源，人類一體」，即是指他們相信終極實在（Ultimate Divine）的只有一個，人類無分種族，所有世界性宗教都是終極實在對人類啟示的不同階段。

2／「大同教」：這詞是由同為巴哈伊教信徒的清華大學校長曹雲祥（1881—1937）將巴哈伊教譯為「大同教」，原因是他在翻譯巴哈伊經典時發現巴哈伊的主張與儒家思想的「大同世界」概念相通。著名歌手方大同也是巴哈伊教信徒。巴哈伊信仰的大同思想主張多元共融、和而不同的核心價值，以此回應人類如何在差異中相處的問題。因此，相比起宣傳巴哈伊信仰，巴哈伊教將資源投放於推廣宗教文化多元共融的議題上，香港的巴哈伊教也貫徹這信仰，致力在本港推動共融，透過社會服務和教育，希望去除社會上對不同人士的標籤。

從翻譯到入教

一開始的時候，Virginia 只是在澳門工作，碰巧修讀了一個翻譯課程準備要參加專業資格考試，機緣巧合之下，有一個朋友正在找人翻譯巴哈伊教的文章，她覺得正巧可以當作練習。而 Virginia 就開始上網搜尋相關資料，研究巴哈伊信仰裡一些詞彙的中文翻譯。那時她主要翻譯巴哈伊總會的英語郵件給使用中文的信眾看。在這時，翻譯甚至還不算是一份工作，只是義務而已。

後來，Virginia 要考取的專業資格需要寫論文。於是，介紹翻譯義工的朋友就介紹了 Virginia 去認識一位信仰巴哈伊教的澳門朋友，她剛好亦在考同一個公開試。這位澳門朋友邀請Virginia 到她家參加了幾次祈禱會。在他家裡，Virginia 接觸了巴哈伊教推動社會文明進步的概念，當時 Virginia 認為「推動社會文明進步是人人有責」，她就接受邀請，正式成為了巴哈伊。不過，儘管信奉了宗教，Virginia 卻認為自己參與這個宗教組織大多是從社會角度出發，想為社會出一分力，宗教色彩並不太重。「人人有責，所以我就去做。」Virginia 說：「如果太有神秘感的話，對我反而不太吸引。」

本著推動社會文明進步的心態，Virginia 成為了巴哈伊，同時亦為組織擔任翻譯工作。信仰巴哈伊教後，Virginia 明顯感到自己不再如過往般偏激。「巴哈伊說不要看人的錯處，去看人的優點。」而現在即使別人做錯了，她也會嘗試去理解。

然而，巴哈伊信仰對 Virginia 的影響，比她想像中還要大。當中的轉捩點可追溯至二〇一三年年巴哈伊聖地以色列迦密山（Mount Carmel）朝聖之旅。

二〇一三年，作為香港代表的 Virginia 首次參加巴哈伊教的世界正義院國際大會[3]，有份投票選出世界正義院成員。當年巴哈伊的總會遍佈一百六十七個國家／地方，每個地方也有派代表出席。最令 Virginia 感意外的是當中的投票方法，「投票是沒有提名制，也不會有人炫耀自己做了甚麼功績，全部都是透過個人對候選人的理解去投票。甚至連香港總會選舉都是用這個方式來投票。」到訪過外地，見證過國際會議，Virginia 總結：「我覺得體驗到世界一家，一齊傾同好有愛，全世界喺同一框架。」

從朝聖回到香港後，Virginia 感到自己開了眼界，也認為自己背負上更大的責任。在過往時，她都在下班後才處理巴哈伊教相關的事情，但在朝聖後，她得知了全世界舉辦了很多青年會議，在香港甚至也找了四十多個年輕人到日本參加，於是她認為要撥更多時間去陪伴這些年輕人。於是她從一四年開始辭職從事宗教活動，直到現在。

3／世界正義院（Universal House of Justice）：國際巴哈伊信仰群體中的最高行政機構，共有九名成員，每五年改選一次。各國的代表成員可到以色列迦密山（Mount Carmel）參與選舉。

透過社區工作實踐信仰

信仰融入生命這句話說來簡單，但實際做起來卻也是困難重重。巴哈伊信仰認為人生在世有著雙重的道德目的，首先是要個人通過靈性和祈禱提升自我，其次是透過服務社會來推動社會轉變。「不可以單純集中在個人自身，因為社會也影響我們，所以不能獨善其身。」她說，在面對社會很多的不公不義時，並不代表不能憤怒：「憤怒才會使人想要改變，但是不可以讓憤怒控制我們，而是要去思考採取怎樣的態度去處理。因為我們最終極的目標是要達致團結，人類一家，而我們不可以採用分裂的手段來完成它。」

離職以後，Virginia 開始和一些巴哈伊朋友在香港設立社區課程，分有兒童班和青少年小組。兒童班主力通過祈禱和學習聖作和故事，培養小朋友的靈性品質，比如要誠實慷慨。青少年小組則著重建立青少年的道德架構，提升他們的表達能力、思考力及洞察力，還有計劃及執行服務項目。此外還有與家長和成年人一同學習的小組，培養他們投身服務所需的態度和技巧，慢慢形成了一個小社區。在最初時，Virginia 的小組申請用政府的社區中心，但由於不穩定，就轉移至一個私人單位舉辦活動。這個空間開放給小朋友去寫作業，有時又有英語輔導班，讓宗教和社區工作互相結合。Virginia 強調這個空間照顧基層：「基層的家長很多時未必能夠負擔小朋友參加興趣小組，便會來這裡參加活動。」

服務基層人士的需要固然是 Virginia 首先關注的事情，但是她希望活動背後可培養基層小孩的品格。「從一七、一八年左右，這些小朋友已在這裡五年，開始升到青少年班，我們就希望培養他們的道德架構，明辨是非，最重要的是提升表達能力，日後可以服務自己的社區。」Virginia 說，而她們為社區作出的服務是免費的，這樣才能照顧到基層。她們希望通過提供這些服務，激發小朋友和青少年的學習精神，體會到學習的喜悅，而不是只是專注做習題的補習班。「在最開始時，我們想的是幫助新移民，希望從基礎開始培養他們。因為學業會影響自信，從而影響品格。而他們是不用皈依巴哈伊教的，因為巴哈伊教並不強制，到了十五歲後再自行決定要不要信教就可以了。」

巴哈伊教徒之所以踴躍投身於服務社會，是因為他們認為服務本身就是崇拜上帝的表現。「如果以服務精神工作，你便是在崇拜。所以崇拜唔需要特登去廟宇或者點樣，只要在日常生活呈現便行。」巴哈伊教強調信徒要有「服務精神」，並且他們相信每份工作也能貢獻社會，只要是認真投入工作，便是表現出對上帝的尊敬。所以，巴哈伊教鼓勵信徒，如果有能力就需要工作。

常言道職業無分貴賤，這個精神也能在巴伊教的信仰中體現出來。「在香港，人們會對工作存有偏見，但每個工作的存在都有其意義，就算是一些很沉悶的工作，也是對社會有貢獻。」本著這分「服務精神」，巴哈伊教在意的是信徒看待工作的態度，這與工種並不掛勾。Virginia 說：「但凡是認真工作，能夠養活自己的人都需要尊重。」

Virginia 在現時的兒童班中更加入服務的元素，希望培育下一代能夠尊重他人、服務社會。Virginia 鼓勵青少年小組的年輕人主動觀察社區的需要，讓他們策劃服務社區的活動，他們曾經到公園清理垃圾，也試過帶領兒童班的小孩一起探訪清潔工人，為對方送上小禮物。「希望培養青少年尊重不同階層、不同工作的人，感謝他們辛苦工作，而非用一種看不起對方的心態去對待他人。」Virginia 認為年輕人是未來社會的主人翁，希望這些活動能培養年輕人一種關心社區的態度。

以溝通打破界限

除了培養小朋友的品格，Virginia 會在社區裡舉辦一些祈禱會，與大家相約一起圍讀禱文，探討靈性主題。「巴哈伊教強調團結和平，盡量避免引起紛爭，所以便通過學習去提醒大家。」有家長分享在這些靈性的學習過後，思考框架變大了，也漸感受到巴哈伊信仰所指的團結和平精神，因而與人相處的態度也變得更親和。

事實上，在多元化的社會中，面對差異是否可避免的？就算巴哈伊教追求團結和平，也少不免會面對不同人士的挑戰。當面對一些與自己信仰不同的人士時，Virginia 認為與其他宗教和多神論者都可以通過溝通來解決。Virginia成為巴哈伊後，她的鄰居知道後便提醒她要小心，生怕她行錯路，甚至找來一些相關資料勸告她要多加提防。Virginia沒有跟她正面交鋒，反而默默地繼續參與服務。最後，鄰居在社交通訊群組看見兒童班的資訊，便開始向她索取相關資料。Virginia認為：「這件事令我覺得需要堅持自己的信念，加上巴哈伊教是一個開放的宗教，沒有事情需要隱藏，只要向大眾多分享自己的工作，就會令他們更加了解巴哈伊信仰。」

巴哈伊教對於所有宗教都不排斥，因為在最後都是相信同一個上帝。「無論是哪一個宗教，都只是同一個上帝的不同名字，無論是真主、上帝、佛祖，我們也是相信著同一樣東西。」Virginia強調這一切都只是文化差異：「只是因為人類在不同地區，使用不一樣的文字，生活在不同文化裡，宗教才有不同。而巴哈伊教常常說要漸進式啟示[4]，一步一步來。」

在漸進式的精神裡，Virginia 強調的是信仰無分你我，無分文化也無分階級，就如同前往聖地朝聖的大同觀念那樣，在日常生活裡只要懷有服務的精神來工作，那就是在崇拜。因此巴哈伊教的崇拜不需要特地去廟宇，只要在日常生活裡服務其他人就可以了。

4／漸進式啟示：在巴哈伊信仰中，上帝會在不同的年代派祂的使者來啟示真理，這些教導是根據當時人類的時代、知識、地方的需要而定。

靈性與事業結合

禪修者的創業之路

一直以來，在香港裡當一名少數宗教的信徒就已經非常不容易了，更不用說成為宗教相關從業人員。強調經濟、理性和快速的資本主義城市並不容許太多異質出現，在前面數章當中，我們都能看見不同受訪者受到歧視、誤解甚至惡意的情況。但是，從事正念課程的阿樂卻反其道其行，將身靈探索與事業結合，以自負盈虧的方式來經營。

「我看不出香港人和信仰者之間有甚麼衝突，因為我仍然過著很香港人的生活方式。」阿樂這樣形容自己作為一個從事與身靈探索相關的創業者的角色：「唯一不同的，就是我創業了。但我與所有創業的人都沒甚麼分別，只是單純我所創的事業跟禪修有關。」他說得輕描淡寫，彷彿僅此而已，但是只要仔細觀察由他所創辦的「一起靜」團體，就能看見它與傳統產業、甚至與傳統宗教團體的差異之處。

與正念結緣

阿樂接觸到正念（Mindfulness）[1]，是在他修讀副學士的

1／正念：源自佛教的「八正道」，有「正確意念」的意思。當代應用的正念練習，大多是來自美國的喬·卡巴金（Jon Kabat Zinn），他在學習正念後，融合了西方醫學，創立一套名為正念減壓（Mindfulness-Based Stress Reduction，MBSR）的身心療法，協助都市人面對壓力。主要是透過觀察呼吸，將注意力集中於當下。不對自己情緒、想法、身體感覺等現象做好或壞的價值評判，只是純粹的覺察當下的狀態。

時候。升學制度壓力大，香港的副學士課程更是競爭極大，二百個學生中只有十多人能成功升讀大學。因此在學期間，阿樂從早到晚都在讀書，這一讀下去身體就出現一堆毛病，連醫生都治不好。「中醫、西醫，甚麼醫生我都看，但都沒有辦法改善。」所謂的身體差也不是一個具體的病，而是壓力累積下來讓身體虛弱，好像隨時都會倒下。

那時有一個老師看他這樣的情況，知道傳統醫學治不好阿樂，便邀請他去一個三日兩夜的禪修營。中學出身自佛教學校的阿樂其實對佛教毫無興趣，甚至聽都沒聽過正念，那時也算是病急亂投醫了。不過在那三日兩夜的禪修營裡，其實阿樂也沒甚麼感覺，出來後身體也沒甚麼變化。是時間再過了一年，真的虛弱得避無可避了，他才真正去理解禪修是一件怎樣的事。

那時他經常讀書，去找這位引導他去禪修的老師，而且還去大嶼山梅村[2]參與不同禪修營，漸漸開始投入了這件事當中。「在這個過程裡除了健康改善以外，我理解了自己，理解了身邊的事，還發現了很多新的觀點與角度。」從這時開始，阿樂迷上了禪修，後來已不再是為了身體健康，而是想開啟更大的智慧。

加入梅村禪修後，阿樂與一群志同道合的伙伴形成了一個群體，經常去不同講座與道場學習，又邀請更多朋友參加禪修

2／梅村：於二〇一一年落戶大嶼山昂平的蓮池寺及竹林淨苑的梅村，——是依循一行禪師（Thích Nh t H nh）的傳統修習和帶領的禪修營。

營，交換讀過的文章與書本。「其實我們是一群互相在資源和知識上交流的人，又會交換思想與批評，所以其實是一個很有滋養，互相成長的群體。」阿樂常用的詞是互相與交換，這也反映了他對於正念思想的看法。

開始禪修過後，阿樂發現了解決事情的方法並不一定要如心理治療那般對症下藥，修行的歷程是用「消融」來解決的。他形容，當人在面對一個很明確的問題時，心理治療師可能會鼓勵人去直接解決那個問題，但是阿樂走過的路並不這麼直接，而是當問題出現時，他選擇把所有事情都釐清攤開，卻不直接解決，而是努力去禪修。通過靜坐、行善、參加禪修營等等，而那些問題就會在一個慢慢的修行過程中，像是被一個大海逐步消融掉了。它不是一個明確的轉變，而是一段漫長的過程。

把興趣轉化為事業

除了解決自身的身體問題外，阿樂在剛開始禪修時已經熱愛分享。可以說，分享是他修行的一部分。「我一接觸到正念時就已經開始跟別人分享，兩者沒甚麼時間上的差距，因為分享的過程也是學習的過程。」阿樂認為，分享與學習是同一組事物，所以從一開始他就已經想帶其他人修行。到了後來出社會工作後，他就更加覺得修行的時光更加快樂，開始想著要怎樣把修行變成一個職業。由是，他有了創業的想法。

在全職工作時，阿樂在工餘時間就已經帶領了六至七年的義務禪修，又小試牛刀地自負盈虧，開過一些禪修課程。後來他在摸索途中發現這個事業有前途，而且他觀察到在香港沒甚麼禪修的地方可以選擇，除了大嶼山梅村外選擇也不多，完全消化不了城市人的需求。他始終認為，有需要禪修的人值得一個地方去修行，懷著這樣的心態，阿樂毅然放棄全職工作，創辦了「一起靜」團體。

「並不是近年越來越多人需要禪修，而是人本來就有這個需要，只是沒有地方可以選擇。」阿樂強調他並不是憑空創造出禪修的需求來：「例如人類本身就有娛樂的需要，但市場上沒有娛樂產品，他們就不知道怎麼辦。而禪修就是這樣一回事，可能過往都只能在佛教寺院裡找到，但現在市場上有那麼多非佛教元素的活動課程，大家就發現到自己的需要了。」

之所以創立「一起靜」並不是為了標新立異，又或是與傳統佛教團體決一高下，阿樂說，他發現了香港有禪修的需求與市場價值外，最大的問題在於，傳統的禪修要不就很貴，要不就沒位子。因為對於出家人來說，他們不用發展及擴大客源，如此一來就無法滿足香港人的需求。其次是想要禪修的人未必真的會接觸到佛堂的資訊——「他們沒這個緣啦」——而阿樂就抓緊了這個機會，一舉創業成功。

以個人為本確立市場定位

無論是共修、分享與消融，阿樂都認為在創業過後自己有很大的進步。可能因為他始終堅持每天都去帶禪修，過往他只在禪修過程中才能專注，現在他無論是走路或喝水等日常動作中，都能保持專注的狀態。「就算我現在喝一口水，都能很有知覺地專注喝這杯水。」但他認為，每個人修行的原因和狀態都不一樣，普通人不需要來到這個境界，但至少在面對衝突時，都應該停下來思考。

「我與一般佛教的人帶的禪修不一樣，是因為禪師是非常完美完整的人，所以當他們說到呼吸、靜坐、佛法等等時，呈現出來的感覺和威力都會很強。但我不是這樣嘛，」阿樂比對自己和一般宗教業者的差異時，非常坦白地道出自己的缺點就是優點：「我不完美，但我會有進步，又有空間，而這個就是我修行時找到的火花。」這種火花和人性，也是宗教創業在香港能夠成功的原因，因為宗教始終也緣於人性。

另外是阿樂始終讓課程維持在親民的價錢，舉例來說，一個四堂課的線上課程只收七百港幣，找來藝術家一同去海邊禪修的也只收三百五十，證明了他的確沒有坐地起價。他說過往的人會賺取暴利，但少賺一點並不代表不能生存。「但我覺得我收這樣的價錢不代表賺得少，我多開一些課程不就賺回來了。」阿樂說起工作時強調多勞多得，以及自由市場經濟下可以進行良性競爭。

保持著低的門檻，就會有更多人固定前來，這就是阿樂做靈性創業時的哲學。不過雖然這樣創業了，他仍然碰上了各種煩惱。始終宗教在香港並不被重視，當初辭掉全職創業時，他的父母並不支持。到後來帶禪修時，講《心經》[3]才發覺自己的理解並不全面，只好再思考要怎樣才能進步。但是，回到他的初衷，也就是共修、分享與消融當中，阿樂相信，自己會是一個不斷進步的人。

在港的另類生活

「在禪修過後，我覺得很多事情都不需要用一個固定的方式去看。」在最後，阿樂分享了自己創業後的得著：「無論是工作方式，還是生活、居住、交友的方式，每一件事都鬆動了很多，可能性多了很多。」以往他跟家人同居，後來他就搬到很遠的地方去，因此在禪修後，他認為在香港生活多了選擇與自由，並不一定如大眾常常所說的，要住市區、住得近、做全職工作。「我不會理會別人或社會的質疑，我會直接行動。當我成功了，生活到了，在行動上展現出光輝了，就不會有人再質疑我。質疑是基於未知，那只要將那些被質疑的事情變成大家可以知道和看得見的事，不就行了。」

生活，就是阿樂的修練，就如同其他不同的宗教，即使在城市裡生活有各式各樣的不確定性、擔憂、甚至是人際關係的

3／《心經》：全名為《般若波羅蜜多心經》，是佛教的其中一部經典。

衝突，但阿樂始終堅持這就是修行的機會。唯一的不同，就是他選擇了創業，並將正念與禪修傳遞了給大眾。「禪修對我來說，就是能讓我看見：雖然我們住在同一個香港，但可能性多了很多，讓人看得見不一樣的風景，有更寬闊的選擇。」

後記

韓樂憫

後記

差異是每個社會要面對的處境，可以來自宗教、國籍、文化、生活習慣、性格、家庭背景，甚至是代與代之間也存在差異。為了讓眾多不同的人士能夠在同一個地方中共存，近來，不論在社會上或學界圈子裡不停推動「多元」、「共融」，期望大眾在多元文化社會的處境中能夠互相尊重、和諧共處。要達到這目標，則需要大家勇於從安舒區中踏出去，認識與自身不同的文化和傳統，而出版《街坊眾神》一書正是塑造一個機會給讀者踏出這一步——認識和接觸。但是，我們應該採用甚麼態度來面對不同的文化呢？

筆者在香港中文大學修讀宗教研究時學習到「同情地理解」的態度，這態度不只局限於研究宗教，更能應用於回應差異。簡而言之，「同情地理解」是宗教研究探究中一個核心的精神，意思是指在認識一些與自身不同的人和事時，要放下一些固有的前設及既定想法去理解對方的經驗和世界觀。即是說，在面對差異甚或一些看似難以理解的行為、生活習慣或思維邏輯時，先不要即時作出判斷，而是理解背後的因由。儘管未必完全同意，但是這一份理解的態度締造了空間讓大家共存，並且為雙方建立了一份尊重。

《街坊眾神》得以成書乃是集合多人之力量。首先需要感謝12位受訪者抽空接受團隊的訪問，真誠地分享他們的生活經歷和感受。從他們有血有肉的故事中，帶領讀者接觸一些已在香港扎根多年，卻又未被大眾認識的宗教及其信仰者的生活方式。另外，感謝為此書撰寫推薦序的賴品超教授、關瑞文教授、譚家齊博士。先要感謝賴品超教授以及關瑞文教授過往的教導，不論在學術抑或待人接物的層面上，也示範如何「同情地理解」年輕一代的學習和處事模式。再一次感謝兩位老師對學生們的支持和信任。感謝譚家齊博士的仗義幫忙，得蒙閣下如此盡力付出，實在無言感激。最後，感謝作者及編輯團隊。從籌備、資料搜集、訪問至成書，過程中不但各盡所長，一起豐富書目內容，更「同情地理解」對方工作模式的差異及難處，互補不足。

本書以宗教為主題，從中反映香港這細小的地方竟容下了至少12個不同宗教的人士，相信有更多未為人知的宗教或文化

傳統的人士，在香港的不同角落中生活。而我們作為香港的一
分子，應如何共處、共融，則有待大家共同探索。

樂憫
二〇二二年夏

1841
一八四一

街坊眾神
世界宗教在香港

Deities in Neighborhood:
World Religious in Hong Kong

作　　者　韓樂憫、龔惠嫻、胡獻皿、孔德維、尹子軒
責任編輯　馮百駒
文字校對　蘇朗欣
封面設計　吳為彥
內文排版　王氏研創藝術有限公司
印　　刷　博客斯彩藝有限公司

2023 年 02 月　初版一刷
2023 年 05 月　初版二刷
定價　360 台幣
ISBN　978-626-95956-8-6

讀書共和國出版集團

社　　長　郭重興
發 行 人　曾大福
發　　行　遠足文化事業股份有限公司
網　　站　www.bookrep.com.tw
地　　址　231 新北市新店區民權路108-2 號 9 樓
電　　話　(02) 2218-1417
傳　　真　(02) 8667-1065
電子信箱　service@bookrep.com.tw
郵撥帳號　19504465 遠足文化事業股份有限公司
客服專線　0800-221-029
法律顧問　華洋法律事務所 蘇文生律師

一八四一

社　　長　沈旭暉
總 編 輯　孔德維
出版策劃　一八四一出版有限公司
地　　址　臺北市民生東路三段 130 巷 5 弄 22 號 2 樓
網　　站　1841.co
電子信箱　enquiry@1841.co

國家圖書館出版品預行編目
街坊眾神：世界宗教在香港 / 韓樂憫, 龔惠嫻, 胡獻皿, 孔德維, 尹子軒著. – 初版. – 臺北：一八四一出版有限公司出版：遠足文化事業股份有限公司發行, 2023.02
面；　公分
ISBN 978-626-95956-8-6（平裝）
1.CST: 宗教文化　2.CST: 信仰　3.CST: 訪談　4.CST: 香港特別行政區
214　　111021910

香港文庫